Col·lecció Prisma - 33

MENJAR PER CÓRRER

Consells i receptes per fer senzilla la vida del corredor amateur

MARIONA GUMMÀ

Cossetània
EDICIONS

Primera edició: setembre del 2013

C/ de la Violeta, 6 • 43800 Valls
Tel. 977 60 25 91
Fax 977 61 43 57
cossetania@cossetania.com
www.cossetania.com

Disseny i composició: Imatge-9, SL

Impressió: Romanyà-Valls, SA

ISBN: 978-84-9034-145-2

DL T 408-2013

PRIMERA PART: SABER PER CÓRRER

1. ALIMENTACIÓ SALUDABLE. RACIONS RECOMANADES

Naixem amb un bagatge genètic que, ara com ara, no es pot canviar, tot i que és probable que en un futur proper sí que es pugui, i això ens determina... però només en part. Pensem en l'epigenètica, allò que està per sobre dels nostres gens i que condicionarà fins i tot que s'expressin o no. Està basada en els nostres costums, en els tòxics a què estem exposats i, per descomptat, en la nostra alimentació.

Probablement hi ha tantes motivacions per decidir córrer com corredors hi ha al món, però és probable que sigui un dels col·lectius en què el concepte de *córrer per tenir salut* va bé per a tots. Hi ha una evidència sòlida, basada en estudis amplis i variats, que demostra que l'exercici, realitzat de forma adaptada i adequada, és una font bàsica de salut. També ho és una alimentació saludable, que, d'una banda, ens permetrà el millor rendiment com a esportistes i, de l'altra, serà un factor epigenètic de primer ordre en el nostre futur vital.

Per això, tenir unes nocions respecte a la composició i les particularitats dels aliments, el seu metabolisme i les seves aplicacions serà una eina utilíssima en la nostra vida esportiva i la nostra activitat diària.

Aquesta és la intenció d'aquest llibre, i comença pel principi, com ha de ser, oferint de manera comprensible conceptes bàsics de nutrició que poden aplicar-se a la nostra activitat esportiva i a la nostra vida diària i la del nostre entorn.

Hipòcrates diu: "Que el menjar sigui el teu aliment, i l'aliment la teva medecina", i Bernard le Bovier afirma: "La salut és la unitat que dóna valor a tots els zeros de la vida". Una bona manera d'aconseguir-la serà corrent sota el cel blau, gaudint d'una alimentació saludable i saborosa i sabent com hidratar-se.

Conceptes previs

Les necessitats nutricionals d'un individu corresponen a la suma de les seves necessitats bàsiques i d'altres variables segons la seva edat, el sexe, l'estat fisiològic, l'activitat i el medi en què viu.

Excepte potser la llet materna durant els primers mesos de vida, no hi ha cap aliment capaç de cobrir les nostres necessitats per si sol.

Podríem fer el símil que els aliments són com caixes que contenen nutrients a l'interior: hidrats de carboni, greixos, proteïnes, vitamines, minerals i aigua. Des del punt de vista nutricional, hi ha la tendència a classificar els aliments segons el seu nutrient principal. Així, tot i que cada aliment conté múltiples nutrients, definim diferents grups d'aliments, amb característiques nutricionals similars segons el nutrient principal que els compon, per poder establir equivalències nutritives.

Per fer les recomanacions més útils i fàcils de seguir, solem utilitzar el concepte de *ració*. Podem considerar una *ració* la quantitat o porció d'aliment adequada a la capacitat d'un plat normal, i donem per fet que el concepte *plat normal* no és el mateix per a tothom, ni ho ha de ser per a persones de diferents edats, necessitats o situacions fisiològiques variables. És clar que la ració d'un nen d'un any d'edat no té res a veure amb la d'un adolescent en edat de creixement ni amb la d'una dona sedentària de setanta anys. El nombre de racions recomanades sol ser el mateix per a tots, el que canvia és la mida d'aquestes racions És un concepte menys rigorós, ja que no es basa en càlculs específics. Però presenta una sèrie d'avantatges: és més àgil, facilita la comprensió i l'adhesió, s'adapta fàcilment a diferents situacions i és pràctic.

Exemples de racions àmpliament utilitzades en el nostre medi per a adults sans	
Pa, cereals i fècules	40-60 g de pa
	1 plat d'arròs o pasta cuits (60-80 g en cru)
	1 patata mitjana
Verdures	1 plat d'enciam
	1 plat de verdura de fulla cuita
	2 pastanagues
	1 tomàquet gros
Llet i lactis	200-250 ml de llet
	2 iogurts
	40-60 g de formatge curat
	125 g de mató
Fruites	1 peça mitjana de poma, taronja o préssec
	2 o 3 albercocs
	1 tassa de maduixes o cireres
	2 talls de meló
Aliments proteics	100-125 g de carn vermella (vedella, bou, porc...)
	1/4 de pollastre
	125-150 g de peix
	1 plat de pèsols, llenties o cigrons cuits (60-80 g en cru)
	2 ous
Olis i greixos	10 g d'oli
	10 g de mantega
	50 g d'olives
	20 g de fruits oleaginosos

Quines són les bases d'una alimentació saludable?

Perquè una dieta sigui saludable, ha de ser capaç d'aportar tots els macronutrients i micronutrients necessaris per mantenir un bon estat de salut.

La representació més estesa i més didàctica dels grups d'aliments i de les recomanacions de consum és la Piràmide de l'Alimentació Saludable, basada en la dieta mediterrània.

S'hi distribueixen els diferents grups d'aliments segons la quantitat necessària d'aquests grups i la seva importància en la dieta diària.

Piràmide de l'alimentació saludable

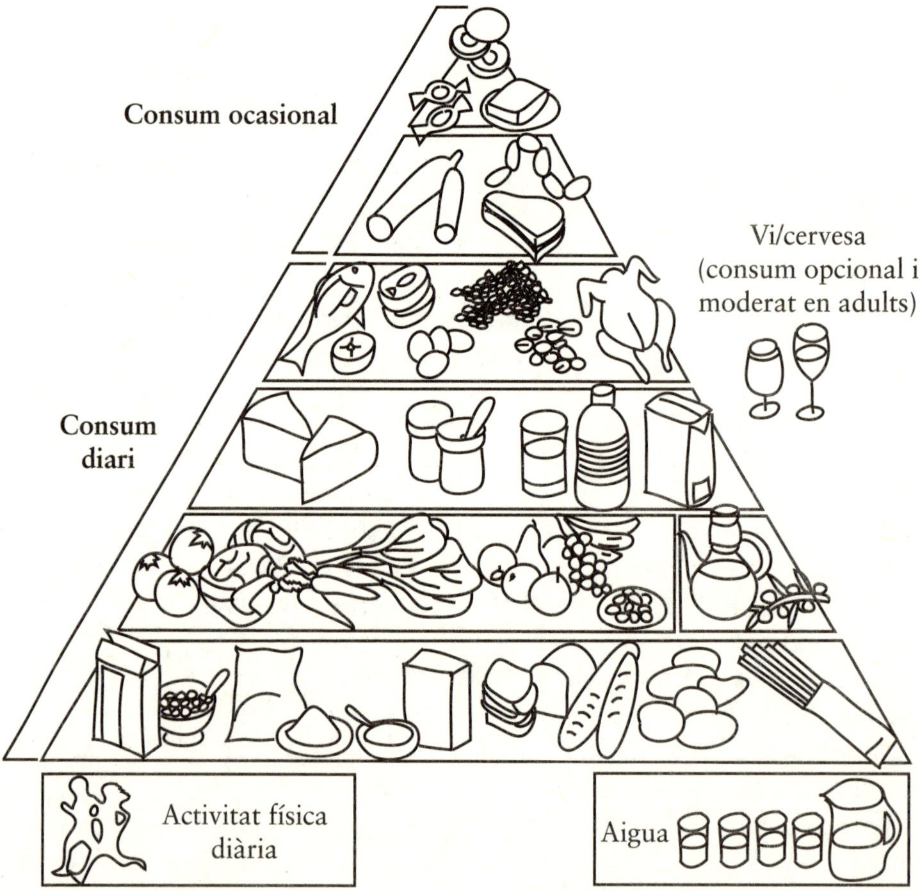

El grup de les **fècules** o **farinacis** és a la base d'aquesta piràmide. En aquest grup trobem els cereals i els seus derivats (pa, arròs, pasta alimentària, blat de moro, etc.), els llegums (pèsols, faves, cigrons, llenties, mongetes) i les patates. La funció d'aquests aliments, el contingut majoritari dels quals són els hidrats de carboni complexos, és eminentment energètica: aporten "gasolina" al nostre cos. Haurien d'estar representats en tots els àpats, ja que han d'aportar una mica més de la meitat de l'energia diària de l'alimentació i se'n recomanen de 4 a 6 racions al dia.

A la base d'aquesta piràmide també hi trobem l'**aigua**, essencial. Tot i que dedicarem un capítol sencer a la hidratació, cal apuntar que hauríem de beure entre 6 i 8 gots diaris d'aigua.

El següent "graó" de la piràmide està representat pel grup de la **fruita** i la **verdura.**

Se'n recomanen un mínim de 5 racions diàries: 3 racions de fruita i 2 de verdura. Per anar bé, una de les racions de verdura hauria de ser cuita i l'altra, crua, i una de les fruites hauria de ser un cítric. Aquest grup ens aporta sobretot vitamines, minerals i fibra, essencials per les seves funcions reguladores en l'organisme. El seu consum variat assegura una aportació nutricional més completa, per la variabilitat en el seu contingut vitamínic.

El contingut de sucre de les fruites és molt variable, oscil·la entre el 6,5% dels préssecs i el 20% dels plàtans

Al mateix nivell hi trobem el grup dels **greixos**. Tenen un valor energètic important i contenen àcids grassos essencials i vitamines liposolubles. En aquest grup, el greix culinari d'elecció és l'**oli d'oliva,** amb propietats de resistència a la calor que el fan ideal per cuinar i amb una composició en àcids grassos "saludables" que n'indiquen l'ús com a greix d'addició per amanir.

Els **fruits oleaginosos** es podrien incloure en aquest grup pel seu contingut en àcids grassos. També tenen quantitats gens menyspreables de proteïnes, hidrats de carboni, sals minerals, vitamines i oligoelements. Són aliments d'alta densitat energètica i nutricional.

El grup dels **lactis** inclou la llet, els formatges, els iogurts i la resta de derivats lactis. Aquest grup és una font primordial de calci i és fonamental per al manteniment de les estructures òssies. El seu contingut en proteïnes d'alt valor biològic no és gens menyspreable. Es recomanen de 2 a 4 racions diàries d'aquest grup. Una ració és un got de llet, dos iogurts comercials o uns 40 g de formatge semicurat.

Els lactis desnatats ens aporten el calci necessari sense l'aportació de greix d'origen animal.

En els formatges, el percentatge d'humitat està relacionat amb l'aportació de la resta de nutrients: el seu contingut en proteïnes, calci i sodi pot ser semblant al de la llet en el cas dels formatges frescos, o molt superior en el cas dels formatges curats.

Cal no oblidar que les postres làcties contenen una quantitat considerable de sucre.

Un altre element que cal tenir en compte és la funció probiòtica dels iogurts: el seu contingut en microorganismes vius té un efecte regulador de la flora intestinal.

La **carn** (tant vermella, recomanable magra, com blanca), el **peix** i el marisc i els **ous** són els aliments que ens aporten les proteïnes d'origen animal, d'alt valor biològic. Per a la síntesi de la proteïna corporal són necessaris vint aminoàcids, dels quals nou són essencials, és a dir, han de ser aportats per la dieta, perquè l'organisme no és capaç de sintetitzar-los. Quan una proteïna conté tots els aminoàcids essencials en la proporció òptima, s'anomena *d'alta qualitat* o *d'alt valor biològic*. A més, ens aporten ferro altament biodisponible, vitamines del grup B, minerals i oligoelements. És preferible prioritzar el consum dels més magres per evitar un excés de greixos saturats.

Els **llegums** i, en menor mesura, la fruita seca pertanyen també a aquest grup. El seu contingut en proteïnes pot ser fins i tot percentualment superior al d'altres aliments d'aquest grup. No obstant això, són proteïnes d'origen vegetal, amb un valor biològic menor. És a dir, contenen algun aminoàcid essencial en baixa proporció (aminoàcid limitant). Si els combinem amb altres aliments amb proteïnes vegetals complementàries, en podem augmentar el valor proteic, per exemple: llegums amb cereals o cereals amb fruits oleaginosos.

Contribueixen sobretot a mantenir les estructures musculars, és a dir, tenen un paper estructural. Es recomanen dues racions diàries d'aliments d'aquest grup.

En el vèrtex de la piràmide, hi trobem els anomenats *aliments complementaris*. Les **carns vermelles grasses** i els **embotits** són aliments molt rics en greixos saturats, colesterol i sodi, el consum dels quals es recomana que sigui moderat. Haurien de ser aliments de consum esporàdic.

A més, la seva ingesta freqüent sol anar en detriment d'aliments de més qualitat nutricional, com la verdura i la fruita.

La mantega i la margarina, la brioixeria i la pastisseria, la xocolata, el *fast food*, les patates fregides i les begudes refrescants s'han de reservar per a ocasions especials.

Respecte a l'**alcohol** (vi o cervesa), el seu consum en adults és opcional i, en qualsevol cas, ha de ser moderat. La moderació en aquest sentit implica una copeta de vi o una cervesa amb el dinar i una altra amb el sopar. Les begudes destil·lades contenen més quantitat d'alcohol i, per tant, moltes "calories buides" (que no aporten cap nutrient fonamental).

Dieta mediterrània

Els beneficis que deriven de seguir una dieta mediterrània procedeixen, bàsicament, de la combinació adequada dels aliments i, per tant, dels nutrients que contenen.

La dieta mediterrània implica un baixa aportació d'àcids grassos saturats, colesterol i àcids grassos de tipus trans versus una alta aportació en àcids grassos monoinsaturats, presents en l'oli d'oliva. Aquest ajuda a controlar les concentracions de colesterol plasmàtic i proporciona efectes beneficiosos en la prevenció de malalties cardiovasculars. De la mateixa manera, el consum habitual de peix, especialment peix blau, aporta àcids grassos poliinsaturats omega-3, que també contribueixen a la prevenció de malalties cardiovasculars.

El consum abundant d'aliments d'origen vegetal (fruita i verdura fresca, hortalisses, llegums) suposa una aportació important d'antioxidants i fibra.

Finalment, el consum moderat de vi pot aportar antioxidants que sembla que tenen un efecte cardioprotector, tot i que les recomanacions en aquest sentit insisteixen en la moderació.

Com podem seguir una dieta equilibrada?

El secret d'una dieta equilibrada és la varietat. Aquesta varietat serà capaç de cobrir les necessitats nutricionals més fàcilment que una alimentació restrictiva. La diversitat d'aliments permet compensar la possible insuficiència d'un nutrient concret i fa difícil els excessos.

Respectar aquest equilibri nutricional pot ser fins i tot més important que satisfer el valor absolut d'un nutrient.

Aquesta varietat s'ha de reflectir tant en els aliments com en la seva preparació, ja que les formes de cocció són un factor important per aconseguir el desitjat equilibri alimentari. Tenir una alimentació saludable significa més que seleccionar els aliments adequats: implica també preparar-los de manera saludable.

Les tècniques culinàries més aconsellables són les de cocció amb aigua (bullit, vapor, escaldat), ja que sempre suposen una menor aportació de greixos. Les preparacions al forn (tradicional o microones), la papillota, la planxa o el *wok* també necessiten una aportació reduïda de greix afegit. Els fregits i els guisats requereixen més greix, que es pot reduir amb una tècnica culinària correcta. El més recomanable és utilitzar sempre oli d'oliva com a greix d'addició, ja que resisteix molt millor les altes temperatures. En fregir els aliments, l'oli ha d'estar ben calent i els hem d'escórrer bé en paper de cel·lulosa per absorbir l'excés de greix.

Atenció als amaniments, les salses, les cremes de llet i altres condiments grassos que poden disparar el contingut calòric d'un plat.

En conclusió, una "alimentació saludable" suma els conceptes de:

- *Suficiència* en energia i nutrients.
- *Varietat*, per assegurar les aportacions de macronutrients i micronutrients.
- *Equilibri* en les proporcions recomanades.
- *Adequació* a les característiques d'estil de vida de cada individu.

A més, hauríem d'afegir-hi que ha de ser agradable i capaç de proporcionar plaer, sense perdre de vista la dimensió social de l'alimentació i els factors culturals i individuals que l'afecten.

Pautes nutricionals (FAO/OMS)

- Assegurar-se un consum mínim d'hidrats de carboni del 55% de l'aportació energètica total. D'aquests, els sucres simples han de representar menys del 10% de l'aportació energètica total.
- Consumir de manera habitual verdures, hortalisses, fruites, llegums i cereals complets.

- Reduir la ingesta de sucre d'addició i dels aliments que en continguin.

- Controlar l'aportació de greixos, que no han de representar més del 30% de l'aportació calòrica total. D'aquests, menys del 10% han de ser aportats pels àcids grassos saturats, i els àcids grassos poliinsaturats han de representar entre un 3% i un 7%.

- Limitar l'aportació de calories en forma de proteïnes al 15%, el que representaria una ingesta d'uns 0,8 g/kg de pes corporal.

- Disminuir l'aportació de carn vermella i augmentar la de peix i carn d'au.

- Procurar una ingesta de fibra alimentària d'uns 27-40 g/dia.

- No consumir més de 6 g de sal al dia.

- Hidratar-se correctament. Consum suficient d'aigua, com a mínim d'1-1,5 l/dia.

Equilibri diari

Ens queda conèixer com hauríem repartir les racions recomanades dels diferents grups d'aliments al llarg del dia.

No hem d'oblidar que són importants l'adaptació individual (segons la talla, el pes, l'edat, el nivell i l'horari de l'activitat física, les aversions i les preferències personals, així com les intoleràncies) i els factors culturals, ètnics, de religió o de regió d'origen.

L'equilibri nutricional està basat en els menús diaris, i es completa amb l'equilibri dels menús setmanals per assegurar l'aportació nutricional completa, sobretot en micronutrients.

Pel que fa al ritme dels àpats, és convenient realitzar de 4 a 5 àpats al llarg del dia per repartir millor l'aportació energètica i de nutrients i arribar amb menys sensació de gana als àpats principals. Cal evitar realitzar ingestes massa copioses. És important fraccionar la ingesta i distribuir l'energia entre les diferents preses. La distribució energètica d'un dia hauria de quedar aproximadament de la manera següent: esmorzar (15-25%), dinar (25-35%), berenar (10-15%) i sopar (25-35%). Evidentment, hem d'ajustar el nombre i l'horari de les ingestes a les circumstàncies de cada esportista.

És important tenir en compte l'horari de l'entrenament i intentar sempre prendre algun aliment unes dues hores abans, i també en finalitzar l'esforç.

Exemple de menú diari

Esmorzar: 1 R lactis + 1 R fècules + 1/2 R greixos + 1 R fruita.

Mig matí: 1/2 R lactis + 1 R fècules.

Dinar: 1 R verdura + 1 R carn, peix o ous + 2 R fècules + 1 R greixos + 1 R fruita.

Berenar: 1/2 R lactis + 1 R fruita.

Sopar: 1 R verdura + 1 R fècules + 1R carn, peix o ous + 1 R greixos + 1 R lactis.

Total: 3 R lactis + 2 R aliments proteics + 2 R verdura + 3 R fruita + 5 R fècules + 3-5 R greixos.

2. NUTRIENTS FONAMENTALS EN LA DIETA DEL CORREDOR

Quan anem a la benzinera, sobretot ara que ens servim nosaltres mateixos, hi trobem cada vegada més varietat de combustibles, i en el futur probablement n'hi trobarem més: biodièsel, hidrogen, carregador de bateries elèctriques... uf! Per això, tot i no ser enginyers, hem de saber quin és el que més convé per optimitzar el rendiment del nostre motor. És més, una elecció equivocada podria fins i tot danyar-lo. Alguns coneixements bàsics sobre la composició i el maneig dels nutrients que contenen els aliments, el nostre "combustible" natural, poden ser de gran ajuda per a la nostra pràctica esportiva i perquè no hi hagi *road runner* que se'ns resisteixi.

Alimentació, salut i activitat física

Alimentació sana i equilibrada + exercici físic = salut

Aquesta és una equació vàlida per a tots i especialment important per a l'esportista, ja que resumeix la base del seu benestar físic, així com la del seu rendiment.

És clar que el sedentarisme és el factor de risc associat als hàbits de vida actuals que té més repercussió sobre la salut. Un pes saludable, una bona capacitat cardiorespiratòria, força, resistència muscular i flexibilitat influeixen positivament a patir un menor risc de malalties.

Els hàbits saludables pel que fa a nutrició i activitat física poden aportar beneficis per a la salut per separat, però aquests beneficis s'optimitzen quan s'actua d'una manera conjunta. Està demostrat que, quan un individu inicia un programa d'activitat física, està més predisposat a fer canvis saludables en la seva dieta. I a l'inrevés, una alimentació sana i equilibrada facilita la realització d'un exercici físic saludable.

Les necessitats bàsiques del corredor són les mateixes que les de la població en general. És a dir, que les recomanacions d'alimentació equilibrada realitzades fins ara serveixen igual per als corredors no professionals. Però, a més d'assegurar-se un bon estat de salut, la seva alimentació té dos objectius diferenciats:

- Optimitzar el rendiment.
- Ajudar a la recuperació com més aviat millor després de l'exercici.

És important tenir en compte que no només podem parlar d'una qüestió purament quantitativa, com la despesa energètica o les necessitats específiques de nutrients. L'exercici físic provoca una sèrie de canvis en l'organisme, principalment hormonals, que condicionen molts dels aspectes relacionats amb la nutrició, com ara la gana i la sacietat, la mobilització i la menor o major oxidació de greix o la capacitat anabòlica. De la mateixa manera, es produeix l'efecte invers. La dieta condiciona una resposta hormonal diferent segons la quantitat, la composició o el moment d'ingerir els aliments, i aquesta resposta hormonal influeix en gran mesura en el rendiment durant l'exercici.

És per aquest motiu que la teoria s'ha de relativitzar i contextualitzar, i que és important individualitzar les recomanacions generals. Hi ha un consens sobre l'orientació del consum quotidià: aquest consum ha de ser perfectament equilibrat per mantenir el pes ideal.

Necessitats energètiques

La "benzina" necessària per a l'exercici físic prové de la combustió als mitocondris de les cèl·lules musculars. Aquests nutrients s'obtenen a través de la dieta, i la ingesta energètica ha de ser suficient.

Hi ha diferents factors que influeixen en el tipus de "combustible" o substrat energètic utilitzat pel múscul durant l'exercici físic. La intensitat i la durada de l'exercici són els més importants. En l'exercici de major intensitat, la glucosa és el combustible d'elecció.

Com més gran és la durada de l'esforç, els greixos adquireixen més protagonisme. També el grau d'entrenament, els factors ambientals i la dieta prèvia influeixen en el tipus de carburant que l'organisme utilitza.

En activitats de gran intensitat i poca durada (pocs segons) del múscul, els hidrats de carboni subministren el 95% de l'energia (via de glucòlisi anaeròbica). En aquests casos, com a possible efecte secundari sol acumular-se àcid làctic, i la fatiga apareix aviat (provoca el temible cruiximent). Com més es perllonga el temps d'exercici i se'n redueix la intensitat, els greixos guanyen en protagonisme com a principal font d'energia. Els diferents sistemes energètics funcionen com un de sol, aporten energia de forma continuada i tenen la capacitat d'alternar-se, però amb predomini d'un sobre la resta. En aquest sentit, l'efecte de l'entrenament facilita la possibilitat d'utilitzar el greix com a combustible.

La glucosa és el carburant d'elecció. L'obtenim a partir de la digestió dels hidrats de carboni. S'emmagatzema en forma de glucogen al fetge i els músculs. Als músculs es metabolitza per produir energia. No obstant això, la capacitat d'emmagatzemar glucosa és limitada i la glucosa sanguínia no pot mantenir l'exercici intens gaire temps. En intensitats altes d'exercici, el glucogen muscular és la principal font d'energia.

Els àcids grassos, emmagatzemats en forma de greix, són també una font important d'energia per al múscul. Durant l'exercici prolongat, augmenta l'alliberament d'aquests àcids grassos, així com la seva captació pel múscul. En intensitats baixes d'exercici (fins a 65% de VO_2 màxima), el carburant principal és el greix. Però en els primers minuts d'aquest tipus d'exercici això no és possible, ja que és necessari un temps per mobilitzar els greixos des dels seus dipòsits i portar-los a les cèl·lules musculars. Mentrestant, el múscul utilitza els dipòsits de glucogen (que es buiden després d'uns 80 a 120 minuts d'exercici). A mesura que es van buidant aquests dipòsits, la proporció de greixos com a font d'energia va augmentant progressivament fins arribar a representar el 80% del total de l'energia produïda.

A l'organisme no li interessa emprar les reserves de proteïna muscular amb finalitats energètiques, i les reserves de greix, encara que potencialment poden subministrar energia per a esforços d'una gran durada, tenen limitacions importants: mobilització, transport i entrada a la cèl·lula muscular.

La gana no és un bon indicador dels requeriments energètics. Curiosament, s'observa una disminució de la gana quan augmenta l'exercici físic. Hem d'estar alerta respecte a la possible baixa ingesta energètica, ja que s'associa a una disminució en el rendiment, a pèrdues de massa muscular i òssia, a major risc de lesions i de malalties i a la fatiga.

Les necessitats energètiques de l'esportista variaran àmpliament segons la genètica, l'edat, el sexe, el pes corporal, la massa muscular, les condicions ambientals i el tipus d'exercici físic. De manera orientativa, es proposen unes 50 kcal per kg de pes i dia per a esportistes que entrenen durant més de 80-90 minuts al dia.

Per calcular els requeriments energètics estimats (REE), l'Institute of Medicine de la National Academy of Sciences ha desenvolupat una fórmula que correlaciona l'edat (en anys), el pes (en kg), la talla (en m) i l'anomenat *coeficient d'activitat física* (CAF).

El CAF avalua quatre nivells d'activitat:

1. *Sedentarisme:* poca o cap activitat (Homes = 1; dones = 1).

2. *Poc actiu:* exercici suau d'1 a 3 dies a la setmana (Homes = 1,11; dones = 1,12).

3. *Actiu:* d'exercici moderat de 3 a 5 dies a la setmana a esport de 6 a 7 dies a la setmana (Homes = 1,25; dones = 1,27).

4. *Molt actiu:* esport diàriament juntament amb activitat laboral que requereix esforços físics. (Homes = 1,48; dones = 1,45).

Homes (més de 19 anys)
REE = 662 – 9,53 x edat + (CAF x (15,91 x pes + 539,6 x talla))

Dones (més de 19 anys)
REE = 354 – 6,91 x edat + (CAF x (9,361 x pes + 726 x talla))

Una altra manera d'expressar el cost energètic són els MET. Un MET equival a una despesa energètica d'1 kcal/kg de pes/h (o un consum de 3,5 ml d'O_2/kg de pes/min). Hi ha taules de MET que valoren la despesa en MET de diferents activitats.

A grans trets:

- Dormir: 0,9 MET
- Estar despert sense fer res: 1 MET
- Exercici d'intensitat baixa: 1,5 MET
- Exercici d'intensitat moderada: 4,5 MET
- Exercici d'intensitat alta: 6 MET
- Exercici d'intensitat molt alta: 10 MET

Encara que parlarem d'això més detingudament en altres capítols, és important saber que el que ingerim abans de l'activitat física influeix en el rendiment posterior. Hi ha una sèrie de premisses que convé tenir en compte:

- Fer exercici en dejú afavoreix la utilització d'àcids grassos, però limita el rendiment en esforços intensos.
- El temps de digestió varia molt d'uns aliments a uns altres.
- Podem augmentar l'aportació d'hidrats de carboni durant l'esforç per optimitzar el rendiment.
- La reposició dels dipòsits després d'un esforç és més eficaç que en altres moments.

Necessitats proteiques

El dipòsit d'aminoàcids (els components de les proteïnes) en l'organisme és molt reduït, per això quan l'organisme "crema" proteïnes per proporcionar energia ho fa a partir de les proteïnes del múscul.

És molt important que l'aportació d'energia total sigui l'adequada, ja que, en cas contrari, les proteïnes es derivaran a la producció d'energia i consumirem massa muscular, cosa que no interessa.

Molts atletes i entrenadors segueixen pensant que és essencial ingerir proteïnes extra per augmentar el rendiment, però la realitat és que la majoria fan ingestes proteiques superiors a les que necessiten. Un excés de proteïnes en l'alimentació pot ocasionar una acumulació de deixalles tòxiques perjudicials per a la bona forma de l'esportista. Alguns autors defensen que les dietes amb excés de proteïnes s'associen a un dèficit de vitamines i minerals i a un augment del risc cardíac, renal, ossi i hepàtic.

Hi ha discrepàncies pel que fa a les necessitats proteiques recomanades. Alguns indiquen recomanacions diferenciades per a esports de resistència (1,2-1,4 g de proteïna/kg pes/dia) i esports de força (1,6-1,7 g proteïna/kg pes/dia).

Altres sostenen que les recomanacions, sigui per a un tipus o un altre d'esport, no difereixen de les de la resta de la població adulta (0,8 g/proteïna/dia). Sembla que aquest seria el corrent més acceptat i que els 0,8 g de proteïnes per quilo de pes i dia serien la referència per a tots els individus adults sans, independentment del grau d'activitat física que realitzen.

Aquestes necessitats són cobertes àmpliament per la ingesta raonable de carn, ous, peix, productes lactis, llegums i cereals.

Necessitats lipídiques

Els greixos representen el dipòsit de carburant més gran de l'organisme, ja que es poden emmagatzemar de forma "il·limitada". Com ja hem dit, la seva importància com a combustible augmenta a mesura que disminueix la intensitat de l'exercici i n'augmenta la durada.

L'entrenament augmenta la capacitat del múscul esquelètic d'utilitzar els greixos com a gasolina. Això permet un estalvi per als dipòsits de glucogen, la qual cosa permet desplaçar el punt d'esgotament en les carreres de llarga distància.

No obstant això, la utilització d'àcids grassos com a font d'energia com a màxim pot ser d'un 50-60% de l'energia total. Això vol dir que, si es realitza una despesa energètica per hora d'unes 600 kcal, unes 300 procediran dels greixos (són uns 40 g de teixit adipós). La resposta hormonal després de l'exercici, que provoca un augment en l'oxidació d'aquests greixos durant la recuperació, fa que augmenti aquest total.

A part de la seva funció energètica, els lípids són necessaris per a la realització d'importants funcions en l'organisme, aporten àcids grassos essencials (que no pot sintetitzar l'organisme) i vitamines liposolubles. A més, tenen una funció de protecció mecànica contra l'impacte (per exemple, els lípids de la planta del peu) i contribueixen a l'aïllament tèrmic. No obstant això, els efectes negatius de les dietes riques en greix són ben coneguts.

És recomanable que l'esportista segueixi una dieta en què els greixos no superin el 30% de l'aportació energètica total, baixa en greixos saturats (menys del 10% de la ingesta de greixos total), baixa en greixos hidrogenats i que prioritzi la ingesta de greixos monoinsaturats, és a dir, l'oli d'oliva. En definitiva, les mateixes recomanacions que per a la població general.

Necessitats d'hidrats de carboni

Els especialistes en nutrició esportiva consideren que entre el 50% i el 70% de la ingesta calòrica diària d'un esportista ha de procedir dels carbohidrats, el combustible que garanteix el bon funcionament del motor.

Ja hem vist que el contingut de glucogen muscular és un factor limitant. La capacitat de realitzar un exercici físic prolongat moderat o intens depèn dels nivells inicials de glucogen als músculs, per això és important seguir una dieta adequada, amb hidrats de carboni en la quantitat suficient.

També sabem que la captació i la utilització de la glucosa pel múscul, a part de l'aportació de carbohidrats per la ingesta, depèn de l'estat d'aquest múscul.

Els estudis reflecteixen que els esportistes tenen una dieta insuficient en hidrats de carboni per cobrir les seves necessitats energètiques. Si els dipòsits de glucogen estan disminuïts, la capacitat per realitzar exercici es troba disminuïda. El glucogen hepàtic subministra glucosa a totes les cèl·lules del cos i es va esgotant en els períodes de dejuni, com a la nit. Per això s'aconsella prendre una mica d'hidrats de carboni al matí, amb l'esmorzar, per fer-ne provisió.

La manca d'hidrats pot conduir a una fatiga muscular crònica en l'esportista, com la manca de descans entre els entrenaments. La millor manera d'optimitzar un nivell de glucogen muscular és seguir una dieta rica en carbohidrats i fer un repòs adequat.

Si s'esgoten les reserves d'hidrats de carboni, apareix l'anomenat *defalliment*, *paret* o *mur*. És relativament habitual en esforços de llarga durada a partir de l'hora i mitja, o abans en situacions d'esforços més intensos, o si no s'han omplert adequadament els dipòsits de glucogen. Aquestes reserves tendeixen a esgotar-se més ràpidament per efecte del cortisol, una hormona que se secreta de manera augmentada en resposta a l'exercici intens i com a resposta a la hipoglucèmia. Com a estratègia nutricional per modular aquesta resposta, es recomana fraccionar la dieta, evitar dejunis de més de tres hores i consumir quantitats adequades d'hidrats de carboni.

Les quantitats necessàries d'hidrats de carboni estan en funció dels esforços que s'han de realitzar quotidianament. En general, s'aconsella ingerir entre 6 i 10 g d'hidrats de carboni per kg de pes i dia. Aquestes recomanacions podrien augmentar fins a 12 g/kg pes/dia en programes d'exercici extremadament intensos. D'aquests, millor que la majoria siguin hidrats de carboni complexos o d'absorció lenta (cereals, arròs, pa, pasta, patata, llegums), ja que ajuden a mantenir de manera més constant els nivells de glucosa sanguínia i, a més, són més beneficiosos per a la salut que els sucres simples (mel, sucre, melmelada o fruita).

Necessitats vitamíniques

Les vitamines i els minerals participen en funcions molt importants: intervenen en el procés de producció d'energia, en la síntesi d'hemoglobina, en el manteniment ossi, en la immunitat, en la protecció del dany oxidatiu dels teixits i en la construcció i la reparació dels músculs després de l'exercici.

És cert que determinades deficiències vitamíniques poden fer disminuir el rendiment esportiu i interferir en el funcionament normal de l'organisme, sobretot amb els processos relacionats amb l'obtenció d'energia. Però la majoria d'estudis defensa que una dieta equilibrada i variada garanteix aquesta aportació, encara que existeix una minoria que pensa que els suplements vitamínics són essencials.

No s'han trobat evidències que els atletes necessitin diferents quantitats de vitamines i minerals que la resta de la població. Una cosa semblant passa amb els antioxidants. Malgrat que el risc d'oxidació és més gran en esportistes, l'exercici habitual augmenta el sistema antioxidant endogen, per la qual cosa no sembla necessari augmentar l'aportació d'antioxidants exògens si la dieta és equilibrada.

En qualsevol cas, sí que sembla clar que els possibles efectes beneficiosos d'una suplementació vitamínica s'haurien de mesurar a llarg termini i que no tenen efectes "instantanis". Així mateix, la ingesta indiscriminada de compostos rics en minerals i vitamines no només no ocasiona un augment del rendiment esportiu, sinó que pot presentar efectes negatius relacionats amb alteracions en l'equilibri hidroelectrolític.

Les recomanacions són iguals que per a la població general: atenció amb la restricció de la ingesta energètica, amb la pràctica de certs mètodes per a pèrdues de pes contundents i amb l'eliminació de grups d'aliments de la dieta habitual. Una alimentació rica en fruites, hortalisses i verdures, amb una ingesta adequada de lípids i baixa en sucres simples, garanteix un bon estat vitamínic i mineral.

Vitamina A. La principal missió d'aquesta vitamina és mantenir un sistema visual òptim, però també està involucrada en la síntesi de glucogen i en la formació de proteïnes musculars. A la pràctica, no s'ha demostrat cap avantatge en la seva suplementació. La trobem sobretot en el fetge, els olis de fetge de peix, la llet sencera, la mantega, el rovell d'ou i els formatges grassos. El betacarotè és una provitamina A i es troba en les verdures i en les fruites de color verd fort, taronja o vermell (pastanaga, albercoc, baies i fruits vermells).

Vitamina B1 o tiamina. Té un paper important en diverses reaccions químiques cel·lulars implicades en el metabolisme dels hidrats de carboni, el funcionament del sistema nerviós i la formació d'hemoglobina. Diferents estudis indiquen que les seves necessitats poden estar augmentades durant l'exercici. El seu dèficit pot provocar fatiga, manca d'ambició, irritabilitat i anorèxia. Les principals fonts són el llevat de cervesa, els cereals integrals, els llegums, la fruita seca, el rovell d'ou, el fetge, la carn de porc, la llet i els formatges blaus.

Vitamina B2 o riboflavina. Té un paper important en les reaccions oxidatives del mitocondri. El seu dèficit s'ha de tenir en compte en els vegetarians si eviten derivats làctics i fonts de proteïna animal. Se n'han observat necessitats augmentades en persones que realitzen regularment molta activitat física. La trobem en el fetge, el blat, la fruita seca, el formatge, la carn, el peix i els ous.

Vitamina B3 o niacina. Forma part de dos enzims importants relacionats amb la glucòlisi, la síntesi de greixos i els mecanismes de respiració intracel·lulars. És difícil establir-ne les necessitats, ja que pot ser sintetitzada pel cos humà a partir d'un aminoàcid (triptòfan). Abundant en els llevats, el fetge, la fruita seca, la carn i el peix. Els bacteris intestinals la produeixen a partir de la transformació del triptòfan alimentari.

Vitamina B5 o àcid pantotènic. Forma part del coenzim A, relacionat amb l'oxidació i la síntesi dels àcids grassos. La seva font natural més rica és la gelea reial. Les seves deficiències són rares.

Vitamina B6 o piridoxina. Inclou tres substàncies (piridoxina, piridoxal i piridoxamina) que constitueixen un component vinculat a nombrosos enzims relacionats amb la formació d'hemoglobina, mioglobina i citocroms. Cap estudi ha relacionat la suplementació de B6 amb una millora del rendiment físic. Les fonts alimentàries són molt nombroses i són les mateixes que per a totes les vitamines del grup B (hem de tenir en compte que l'assimilació de les vitamines B dels aliments d'origen animal és molt millor que la dels aliments d'origen vegetal): llevats, fetge animal, germen de blat i cereals complets, carn i peix.

Vitamina B9 o àcid fòlic. Teòricament, el seu dèficit pot produir anèmia i disminuir el rendiment aeròbic durant l'exercici. N'hi ha presència abundant en les fulles fosques dels vegetals (sobretot crues), però també en el fetge animal.

Vitamina B12 o cianocobalamina. Exerceix múltiples funcions, i la seva manca es manifesta per una astènia general. Pot emmagatzemar-se al fetge en quantitats suficients per satisfer les necessitats durant tres anys. Subministrada essencialment per la carn bovina i els productes lactis.

Vitamina C. La seva suplementació s'ha recomanat a esportistes per ajudar en la recuperació, facilitar l'aportació d'oxigen als teixits i ajudar a l'absorció de ferro. Els estudis sobre la seva importància en el rendiment esportiu discrepen. En general, la impressió és que no millora el rendiment esportiu, però alguns suggereixen que les seves necessitats estan augmentades en alguns atletes a causa dels petits traumatismes a què són sotmesos, que provoquen petites lesions a les fibres musculars. Està molt estesa a la naturalesa: es troba en abundància a les parts pigmentades de les verdures i fruites (fulles verdes, baies vermelles, fruites àcides, tomàquets o patates noves).

Vitamina E. Vitamina liposoluble que actua com a antioxidant i impedeix la formació de peròxids a partir dels àcids grassos poliinsaturats de membrana. La manca de vitamina E en animals produeix una degeneració muscular, però el suplement sembla que no té efectes sobre el rendiment esportiu (amb excepcions puntuals). Les seves necessitats estan augmentades si el consum d'àcids grassos poliinsaturats és molt alt. Les seves principals fonts són el germen de cereals, els olis de gèrmens, les verdures verdes, els grans oleaginosos i els seus olis.

Vitamina D. El seu paper principal és la regulació del calci ossi. Sembla que també augmenta la força muscular. La seva síntesi està catalitzada per l'exposició de la pell a la llum solar, de manera que la majoria dels nostres requeriments estan coberts. Les principals fonts alimentàries són la llet de vaca, la mantega, els ous, el fetge i els peixos grassos.

Necessitats de minerals

Zinc. És important per a l'activitat d'alguns enzims involucrats en el metabolisme energètic i, per tant, el seu dèficit podria afectar negativament el rendiment esportiu. D'altra banda, sembla que les seves necessitats estan augmentades, sobretot, en corredors de fons. La causa podria ser una ingesta deficitària o un augment de les pèrdues per suor i per pèrdua de proteïnes per l'orina. Els aliments més rics en zinc són les ostres, el peix, la carn i les aus.

Ferro. Sol haver-hi augment de les pèrdues per microhematúria, relativament normal en atletes. Evidentment, aquestes pèrdues són molt més grans en dones en edat fèrtil, a causa de la menstruació. Sembla que el dèficit de ferro és molt més freqüent en corredors que en altres esportistes. No hi ha, però, evidència que un dèficit de ferro sense anèmia produeixi símptomes i una disminució del rendiment físic. La pràctica d'una suplementació indiscriminada de ferro està desaconsellada, ja que s'observa una associació entre dipòsits de ferro elevats i un augment del risc de càncer, i, d'altra banda, el ferro interacciona amb altres minerals, com el zinc i el coure. Com a recomanació, la ingesta d'aliments rics en ferro, com la carn vermella o el marisc, juntament amb aliments rics en vitamina C (que n'afavoreix l'absorció), com pebrots, cítrics o kiwis, hauria de ser suficient per cobrir-ne els requeriments si no existeix anèmia ferropènica.

Calci. El 99% del calci es troba als ossos. El calci plasmàtic intervé en el batec cardíac, la funció del sistema nerviós i la contracció muscular, i col·labora en la funció de nombrosos enzims, la secreció hormonal i la coagulació sanguínia. Si aquest calci circulant "falla", l'organisme recorre al magatzem ossi per mantenir-ne els nivells en sang. Actualment es creu que les reserves càlciques es formen fonamentalment en l'adolescència i la joventut. Aquesta fixació del calci s'afavoreix mitjançant la pràctica de l'esport. La interacció entre una ingesta adequada de calci i l'exercici físic és essencial per a la mineralització de l'esquelet. Diferents estudis han demostrat que els esportistes tenen més densitat òssia que els sedentaris. És important assegurar l'aportació de calci en la dieta, sobretot en els casos en què hi hagi intolerància als derivats lactis, la principal font alimentària de calci. En aquests casos, els llegums, les verdures, la fruita seca, els peixos petits que es consumeixen amb espina i algunes aigües envasades poden ser una font important de calci.

Magnesi. Les pèrdues de magnesi per suor són baixes. No obstant això, l'exercici intens i prolongat, sobretot a temperatures elevades, comporta el risc d'un dèficit plasmàtic de magnesi, amb la consegüent disminució del rendiment cardíac i muscular. També diarrees o alteracions de la funció renal poden afavorir-ne el dèficit. El trobem en cereals complets, lleguminoses, fruita seca, xocolata, verdures i hortalisses. Si la dieta conté aquests aliments i no preveiem condicions extremes, no cal suplementar-lo.

Crom. S'ha vist que l'exercici intens produeix una pèrdua més elevada de crom. El seu dèficit pot alterar la tolerància de l'organisme davant la glucosa i augmentar el risc de malalties cardiovasculars.

Coure. Els nivells de coure en sang augmenten significativament amb l'exercici prolongat, la qual cosa podria ser causada per una sortida d'aquest del fetge i, per tant, a un dèficit hepàtic de coure. No obstant això, l'excés de coure pot ser tòxic, per la qual cosa la seva suplementació ha de ser estrictament supervisada i personalitzada.

Sodi i potassi. La pèrdua de sodi, i en menor mesura de potassi, a través de la suor en els esports de llarga durada augmenta amb temperatures molt elevades. Alguns autors creuen que els nivells de sodi i potassi s'han de recuperar per mantenir una distribució adequada d'electròlits en els diferents compartiments. No obstant això, hi ha molt poca evidència sobre l'efecte favorable d'aquesta reposició, i la seva concentració augmenta en el plasma durant l'exercici sense reposició de líquids. De fet, els ronyons s'encarreguen de mantenir l'equilibri de sodi i potassi, de manera que el balanç es manté si l'atleta consumeix una dieta normal. No obstant això, s'han descrit casos d'hiponatrèmia, sobretot en proves de llarga durada.

L'objectiu és cobrir les pèrdues extra que es produeixin, sobretot en curses de resistència. En principi, hem d'assegurar-nos de no beure líquid sense una quantitat de sal adequada (aigua de l'aixeta, te, refrescs, etc.), ja que aquesta pot ocasionar una major pèrdua d'electròlits i, com a conseqüència, rampes musculars. A més, el clorur sòdic augmenta el sabor i ajuda a beure més quantitat de líquid, aquest sí absolutament necessari.

En el passat, molts tècnics i esportistes creien que no calia hidratar-se durant l'activitat física, però aprovaven el consum de pastilles de sal. Aquesta actitud, que va ser molt estesa en l'àmbit esportiu durant molts anys, va provocar que els problemes d'hipernatrèmia fossin freqüents.

La hiponatrèmia durant els exercicis de llarga durada no és freqüent, ja que, durant l'activitat, la pèrdua d'aigua per la producció de suor estimula les hormones que actuen sobre la funció renal, que fan disminuir el volum urinari i la pèrdua de sal.

Sembla que la quantitat de sal mínima que ha de consumir un esportista correspon a un valor proporcional al consum calòric, de manera que per cada 1.000 kcal d'aliment ingerit es recomana un consum mínim de 1.000 mg de sal.

Aquests valors s'obtenen fàcilment a través de la dieta en la majoria de les persones normals. No obstant això, per a un atleta que tingui una producció de suor molt intensa se'n recomana una aportació lleugerament augmentada.

En resum: la quantitat de sal durant els àpats ha de ser adequada, i el sodi ha d'estar present en les begudes que els esportistes consumeixen durant el seu entrenament o en les competicions.

D'altra banda, una deficiència de potassi originada per un consum inadequat és molt rara en persones sanes que tinguin una dieta equilibrada, ja que el nivell d'ingestió ideal de potassi s'obté amb una dieta variada, fins i tot en esportistes.

3. QUÈ NECESSITO MENJAR ABANS D'UNA CURSA?

Amb força seguretat, tot i que dependrà del nostre caràcter, del tipus de competició o de les il·lusions i l'esforç que hi hàgim dipositat, els dies previs a competir estarem nerviosos i ens sentirem angoixats. És probable que ens ajudi a vèncer els nervis aplicar la màxima de la psicologia esportiva: evitar preocupar-se de tot allò que no depèn de nosaltres i que no podem controlar. Però, per descomptat, entre els factors que podem controlar hi ha una alimentació adequada, fonamental per aconseguir ser més competitius.

Si som el que mengem, per volar convindria menjar vent. Però el vent no pot cobrir les necessitats del nostre metabolisme. Per això, durant els dies previs a una competició o una cursa hem d'adequar la nostra dieta. L'objectiu és afavorir un augment en les reserves de glucogen, la qual cosa permet augmentar el rendiment, sobretot en esforços prolongats a intensitats baixes-mitjanes.

La dieta d'aquests dies ha de ser més suau pel que fa al contingut de proteïnes i greixos. Per contra, ha de ser més rica en hidrats de carboni, que s'han d'augmentar gradualment fins arribar a representar el 70-80% del total d'energia consumida.

També és molt important parar una atenció especial a la hidratació i evitar l'alcohol en la mesura que es pugui.

Hi ha diferents estratègies per aconseguir augmentar les reserves de glucogen corporal al màxim, forçant-les:

- Una manera és fent una **dieta hiperglucídica.** Consisteix a augmentar la quantitat d'hidrats de carboni de la dieta fins al 70% o més del valor calòric total els dies previs a la competició, alhora que es realitza un descens important en la intensitat de l'entrenament.

• Aquesta mateixa manera es pot fer amb un **buidament previ de les reserves.** Consisteix a augmentar molt la intensitat de l'entrenament del cinquè al tercer dia abans de la prova, seguint una dieta normal. D'aquesta manera, es produeix el buidament forçat de les reserves. Seguidament, a partir del tercer dia previ a la prova, augmentem els glúcids de la dieta, és a dir, fem una dieta hiperglucídica, alhora que realitzem un descens important del nivell d'entrenament. Aquest mètode aconsegueix augmentar les reserves de glucogen al màxim. És el més recomanable.

• Un altre mètode és l'anomenat de la **dieta dissociada.** Consisteix en una dieta normal amb entrenament intens els dies setè i sisè previs a la prova. Amb això s'aconsegueix una depleció de les reserves de glucogen. Els dies cinquè i quart previs a la prova seguim una dieta rica en proteïnes i lípids, mentre normalitzem el nivell d'entrenament. Del tercer dia fins al dia previ, l'entrenament és molt suau i la dieta és exclusivament a base d'hidrats de carboni.

L'**àpat abans de la competició** ha de ser equilibrat, i s'han d'evitar les carns grasses i els greixos saturats, així com l'excés de condimentació. A més, aquest últim àpat no ha d'incloure fibra en excés, aliments flatulents o molt grassos ni aliments nous sobre els quals desconeixem la reacció del nostre cos. Per evitar molèsties gastrointestinals, és important respectar la regla de les 3-4 hores entre l'últim àpat important i l'inici de l'exercici físic. Pensem que durant l'exercici es produeix un alentiment del buidatge gàstric.

Per a l'àpat previ a l'esforç es recomanen hidrats de carboni d'índex glucèmic moderat. Els hidrats de carboni d'índex glucèmic baix s'han de consumir respectant els seus temps de digestió, que solen ser lents, i per tant s'han de consumir amb prou hores d'antelació. Així doncs, són recomanables aliments com pasta alimentària bullida, arròs blanc bullit, fruita, etc.

Hem d'evitar introduir aliments nous o estratègies alimentàries noves abans d'una competició. Els aliments han de ser familiars per a l'esportista.

Just abans de la prova podem menjar l'anomenada **ració d'espera.** Pot tenir diferent composició segons les preferències de cada persona. En qualsevol cas, és bo fer una prova abans per evitar sorpreses desagradables. Podem prendre només líquids, tot i que es desaconsella que siguin carbonatats, fins a uns 30 minuts abans de l'inici de la prova. Opcions vàlides són simplement aigua o sucs de fruita o de verdura diluïts al 50%. Podem optar també per aliments semilíquids, de fàcil digestió, que col·laboren en la hidratació i provoquen sensació de sacietat sense carregar, com per exemple purés de verdura, de fruita o de cereals barrejats amb iogurt. Si consumim aliments sòlids, ho hem de fer en petites quantitats i han de ser elegits individualment, ja que és molt important que siguin ben tolerats: fruita, fruita deshidratada, cereals, fruita seca, galetes, etc.

Actualment hi ha controvèrsia sobre la conveniència de consumir aliments amb alt índex glucèmic (per exemple, begudes ensucrades) l'hora - mitja hora prèvia a l'exercici. En alguns casos això provoca una hipoglucèmia de rebot amb un quadre de malestar i esgotament prematur que és contraproduent. És recomanable veure com reacciona el cos de cadascú, però, en principi, se sol desaconsellar.

L'àpat abans de la competició ha de ser, per tant, ric en hidrats de carboni, pobre en greixos, proteïnes i fibra, no gaire condimentat i format per aliments coneguts, i cal evitar experimentar amb aliments i plats nous. S'ha de fer entre 3 i 4 hores abans de la competició, de manera que sigui possible una correcta digestió abans de començar l'exercici.

4. QUÈ NECESSITO MENJAR MENTRE CORRO?

El nostre "motor" agrairà una aportació extra de combustible de la qual potser dependrà l'adequat funcionament del nostre "turboalimentador" personal, que arrenqui aquells preciosos segons que marquen la diferència al final de la cursa o, si no es tracta de competir, que ens doni el confort i la resistència adequats per arribar en les millors condicions fins al final del recorregut programat.

Durant l'activitat física o la competició, la ingesta o no d'aliments estarà condicionada, sobretot, per la tolerància digestiva individual, el tipus i la durada de l'exercici (no té gaire sentit en exercicis de curta durada) i el reglament de la prova (alguns no ho permeten).

Encara que la majoria de les cèl·lules del nostre organisme són capaces d'emmagatzemar glucogen, el fetge n'és el principal reservori del cos. El seu paper és el subministrament continuat de glucosa per mantenir nivells normals de sucre a la sang. Això és especialment important per als corredors de distància mitjana-llarga.

La síntesi i la degradació de glucogen són processos que tenen lloc de manera continuada, i la matèria primera solen ser els carbohidrats de la dieta, que s'utilitzen a mesura que estan disponibles. És per això que "menjar sobre la marxa", literalment, pot ajudar els atletes de resistència. El consum d'hidrats de carboni durant un esport de més d'una hora de durada ajuda a mantenir la glucèmia i, per tant, a augmentar el rendiment. Si l'exercici és de menor durada, aquest efecte en la millora del rendiment només s'observa en casos en què les reserves de glucogen hepàtic són baixes, com per exemple després el dejuni nocturn.

Si l'activitat possibilita un descans, és aconsellable consumir l'anomenada **ració de mig temps**. Els objectius principals d'aquesta ració són: hidratar, aportar energia a base d'hidrats de carboni, aportar sals minerals i alcalinitzar, ja que l'activitat física provoca una acidosi metabòlica.

És aconsellable consumir petites dosis d'aliments rics en hidrats de carboni (barretes o gels energètics) i aigua cada 15-20 minuts en exercicis de més d'una hora de durada. Si esperem a tenir sensació de manca de "combustible" i en prenem quantitats excessives de cop, el pic d'insulina resultant de la ingesta massiva de glucosa pot provocar una hipoglucèmia reactiva. N'hem de prendre petites dosis a intervals regulars de temps.

Una altra opció és la ingesta només de líquids, de 150 a 350 ml cada quart d'hora, aproximadament:

- Begudes especials amb un 4-8% d'hidrats de carboni.

- Sucs de fruita, que s'han de diluir en dues o tres parts d'aigua per evitar concentracions molt elevades que poden donar problemes d'osmolaritat.

- O, simplement, aigua ensucrada: 25 g de sucre en 250 ml d'aigua.

- Els caldos salats, de verdures o de pollastre lleugers, són una opció per alternar amb els líquids rics en sucres.

En conclusió: durant la realització de curses de llarga durada (més de seixanta minuts), la ingesta ha de ser a base d'aigua i hidrats de carboni, ja que ajuden a retardar l'aparició de la fatiga i mantenen el rendiment.

En aquest sentit, les begudes esportives són molt adequades, perquè serveixen per reemplaçar les pèrdues d'electròlits i de líquid que es produeixen per la suor i aporten hidrats de carboni d'absorció ràpida.

5. QUÈ NECESSITO MENJAR DESPRÉS D'UNA CURSA?

Ara estàs cansat, t'hi has esforçat de valent, potser estàs satisfet per l'èxit obtingut, per la simple il·lusió de participar-hi o per l'esperança i el desig de fer-ho millor la propera vegada. T'has de recuperar bé i aviat, pensant que com puguis córrer avui dependrà, en part, del que vas menjar després de la teva última cursa. És fonamental perquè el següent entrenament o la següent competició es realitzin en bones condicions.

El cos d'un corredor és un model d'eficiència. L'emmagatzematge d'energia a l'interior dels músculs es realitza en forma d'un carbohidrat format per subunitats de glucosa encadenades l'una a l'altra: el glucogen. Els músculs "entrenats" emmagatzemen quantitats cada vegada més grans de glucogen. Per tant, l'energia emmagatzemada a les cames depèn de l'entrenament repetit i d'una dieta rica en hidrats de carboni.

El glucogen muscular, esgotat després de córrer, està a punt per recuperar-se quan els músculs estiguin en repòs. Immediatament després de l'esforç, és recomanable fer l'anomenada **ració de recuperació**. El seu objectiu és hidratar, alcalinitzar i recuperar energia i electròlits.

Per a la reposició precoç dels dipòsits de glucogen en el postesforç són ideals els hidrats de carboni amb índex glucèmic elevat: glucosa, sacarosa, mel, pa blanc, patata al forn, arròs blanc bullit, begudes isotòniques, sucs de fruita naturals, que podem combinar amb llet o iogurt (més ben tolerat en ser llet fermentada). Aquests sucres incrementen la resposta insulínica, de per si baixa a causa de l'esforç físic, i així s'aconsegueix augmentar l'absorció d'hidrats de carboni, afavorir la reposició del glucogen i activar la síntesi proteica.

No hi ha acord sobre si és necessari o no aportar proteïna en el postesforç per augmentar la síntesi de glucogen. En qualsevol cas, incloure proteïna en aquest moment aporta els aminoàcids necessaris per reparar la proteïna muscular i promou un perfil hormonal més anabòlic, per la qual cosa resulta recomanable.

La **dieta de recuperació**, durant el mateix dia de la prova i el dia següent, té com a objectiu fer una reposició completa dels substrats energètics gastats i també hidratar. És aconsellable que sigui rica en hidrats de carboni (més de 600 g en les primeres 24 hores), amb pocs lípids, i que aquests siguin a base d'àcids grassos insaturats, no gaire rica en proteïnes, per ajudar a la desintoxicació, i rica en vitamines hidrosolubles, especialment del grup B, per facilitar la regeneració del teixit muscular.

6. HIDRATACIÓ

El planeta blau... ho és pel reflex de la bonica llum de l'estratosfera a l'aigua. Potser els mítics corredors Eric Liddell i Harold Abrahams, que van inspirar l'oscaritzada *Carros de foc*, el poden veure mentre corren eternament en l'Univers dels que van fer història..., però com que sembla que encara no és el nostre cas, tot i que tant de bo puguem sumar molts triomfs en la nostra carrera esportiva, haurem de conformar-nos coneixent l'aigua des d'aquí, on ens mulla i ens forma, i el metabolisme i l'intercanvi de la qual són fonamentals per a l'adequat funcionament del nostre cos.

Per què és tan important hidratar-se?

L'aigua és essencial per a la vida. És un nutrient acalòric però fonamental perquè el cos humà es mantingui correctament estructurat i el seu funcionament sigui l'adequat.

Una correcta hidratació és importantíssima per a una bona salut i pot prevenir una sèrie de malalties cròniques. Té una importància especial en esportistes per a la prevenció d'insuficiència cardiovascular i d'hiperpirèxia per calor.

El cos té una regulació delicada, amb un contingut en aigua que és de dos terços del seu pes. Aquesta aigua suposa el 85% de la sang, el 80% de la massa muscular i el 25% de la massa òssia. És important que el cos es mantingui hidratat, que mantingui el nivell correcte d'aigua, per permetre que es produeixin les reaccions químiques vitals i perquè els nutrients es transportin als òrgans i teixits.

Es perd aigua constantment en orinar, suar o fins i tot en respirar. Per això, és necessària la seva reposició.

La deshidratació és la pèrdua dinàmica de líquid corporal i té un impacte molt negatiu sobre el rendiment físic, mental i, en última instància, sobre la salut. El cos és molt sensible a la pèrdua d'aigua. La pèrdua de només el 10% de l'aigua corporal suposa un greu risc per a la salut. I més en el cas de fer exercici físic. La termoregulació i l'equilibri de líquids són factors fonamentals en el rendiment esportiu. Hem de tenir en compte, a més, que hi ha una major pèrdua d'aigua per la suor en fer exercici.

L'aigua que es perd per la suor varia segons la mida corporal, la intensitat de l'exercici, la temperatura, la humitat ambiental i l'aclimatació. Alguns suen més que altres i alguns perden més sals en la suor. A causa d'aquesta variació individual, no és possible fer un càlcul exacte de quant s'ha de beure durant una sessió.

Un bon mètode per valorar les pèrdues d'aigua per la suor durant l'exercici és la diferència de pes abans i després de l'esdeveniment esportiu. La pèrdua en kg equival a la pèrdua d'aigua en litres. La situació ideal és aquella en què el pes no varia. L'aspecte de l'orina, que ha de ser de color groc pàl·lid, també pot donar-nos pistes sobre l'estat d'hidratació.

Efectes de la deshidratació sobre el rendiment

Percentatge de pèrdua de pes corporal	*Efectes*
1%	Llindar d'insuficiència per a la termoregulació.
2%	Set intensa, malestar, pèrdua de gana.
3%	Boca seca, augment de l'hemoconcentració, disminució significativa de l'excreció urinària.
4%	Pèrdua del 20-30% de la capacitat de realitzar activitat física.
5%	Mal de cap, dificultat per concentrar-se, impaciència, apatia.

6%	Degradació greu de la regulació de la temperatura.
7%	Risc de coma si fa calor o humitat i es continua l'exercici.

Normes bàsiques d'hidratació

No és fàcil aplicar les teories generals a la pràctica, però ho hem d'intentar. Els atletes, en general, ingereixen menys aigua de la que haurien de beure. La majoria de les vegades la sensació de set no és suficient per assegurar-se una correcta hidratació. Quan el corredor comença a sentir la sensació de set, en realitat ja està sentint símptomes de deshidratació.

Si bé hidratar-se correctament és important per a un bon rendiment, també cal evitar l'altre extrem, el d'una hidratació excessiva. Això és especialment important en les corredores de baix pes, que no suen gaire i recuperen grans volums de líquids (una conducta descrita com *dipsomania*). Això pot generar una hiponatrèmia, que, tot i ser molt menys comuna que una deshidratació, també pot posar en perill la vida.

> Com a valor aproximat i teòric, s'admet la necessitat d'ingerir 1 litre per cada 1.000 kcal consumides, i és molt important que aquest consum es dugui a terme mitjançant una distribució adequada.

Normes bàsiques per ajudar a hidratar-se correctament:

1. Iniciar l'exercici amb un bon estat d'hidratació

Abans d'un esdeveniment o un entrenament, hauríem de beure quantitats generoses d'aigua, especialment les 24 hores anteriors a una sessió d'exercici. És aconsellable beure'n de dos a tres gots (400-600 ml) les 2-3 hores prèvies a l'exercici, fins i tot fins a 20 minuts abans de començar l'exercici.

2. Hidratar-se durant tota l'estona que duri l'exercici

La hidratació òptima requereix la ingesta de 150 a 350 ml de líquid a intervals de 15-20 minuts, començant des de l'inici de l'exercici. És important evitar les quantitats grans de líquid en una sola presa durant la cursa, més aviat quantitats petites cada vegada.

La velocitat amb què els líquids es buiden des de l'estómac cap a l'intestí, el buidament gàstric, és molt variable entre una persona i una altra. Un dels factors que acceleren la velocitat de buidament gàstric és el volum de líquid consumit. És a dir que, com més volum, més ràpid es buidarà l'estómac. Per tant, tot i que es recomana consumir-ne quantitats petites, podem entrenar el nostre sistema digestiu a rebre líquids. Això s'aconsegueix bevent volums progressivament més grans durant els entrenaments per tolerar la hidratació en les curses o els esdeveniments importants. La ingesta d'una beguda esportiva amb una proporció adequada de carbohidrats ens ajudarà a regular la velocitat de buidament de l'estómac.

3. A més d'aigua...

És aconsellable que, si l'exercici és intens i dura més d'1 hora, les begudes continguin hidrats de carboni (4-8%). En exercicis de menys durada també es poden consumir, però l'aigua sola sol ser suficient. No sembla que hi hagi necessitat fisiològica per reemplaçar la pèrdua d'electròlits en exercicis de menys de 3-4 hores de durada. No obstant això, s'aconsella incloure-hi sodi (0,5-0,7 g per litre) si l'exercici dura més d'1 hora. Això augmenta la palatabilitat i les ganes de beure i prevé la hiponatrèmia (que pot produir-se en persones susceptibles).

4. I després... també ens hem d'hidratar

Després de l'exercici hem rehidratar-nos per cobrir la pèrdua d'aigua. S'aconsella beure un 150% del pes perdut durant l'exercici (1,5 litres per cada quilo de pes corporal perdut). Si, per exemple, hi ha una diferència d'1 kg entre el pes d'abans de l'exercici i el pes de després de l'exercici, hem de beure un litre i mig d'aigua després de l'exercici.

El sodi pot ajudar en el procés de rehidratació. Com que la majoria de begudes esportives no contenen prou sodi per optimitzar la reposició de fluids, és aconsellable acompanyar la rehidratació d'un menjar ric en sodi: fruita seca salada, crispetes de blat de moro, brou envasat o sal de taula.

5. Atenció a les condicions extremes!

Si fem exercici en un ambient calorós (31 °C o més), el percentatge de deshidratació augmenta i el rendiment esportiu és més sensible a aquesta deshidratació. Els riscos de la deshidratació augmenten notablement en ambients calorosos i humits, especialment els riscos d'insuficiència cardiorespiratòria i d'hiperpirèxia per calor, de manera que hem de parar una atenció especial a la hidratació en aquestes circumstàncies.

En altituds superiors a 2.500 m aquest risc augmenta considerablement i convé assegurar-se la ingesta d'uns 3-4 litres diaris per tenir una bona funció renal, independentment de l'exercici realitzat.

Exercici pràctic: com calcular les teves necessitats d'aigua?

1. Calcula la teva pèrdua de líquid durant l'exercici i quina quantitat en perds cada hora d'entrenament mitjançant les següents fórmules:

1) Pèrdua de líquid per sessió d'exercici (litres)
(Pes abans de l'exercici (kg) + ingesta de líquid durant l'exercici (l)) – pes després de l'exercici (kg)

2) Pèrdua de líquid per hora d'entrenament (litres)
(Pèrdua de líquid per sessió d'exercici (l) x 60 min) / temps d'activitat (min)

2. Intenta recuperar durant l'exercici almenys el 90% de les teves pèrdues per la suor (calculades en el punt anterior) i procura arribar al final de l'entrenament amb una deshidratació màxima de l'1% del teu pes.
Per exemple: 60 kg x 1% = 0,6 kg o 600 g
Pes final adequat: 60 kg – 0,6 kg = 59,4 kg

3. Pesa't abans d'iniciar l'entrenament i en finalitzar-lo (ambdós pesos sense roba). Multiplica la diferència per 1,5. Això et donarà el total de líquid que has de consumir en el transcurs d'aquest dia per arribar hidratat a la teva sessió del dia següent.

Per exemple, si el pes d'abans era de 60 kg i el de després de 58 kg: 60 kg – 58 kg = 2 kg. Si calculem 1,5 litres per kg (2 x 1,5 = 3), hauríem consumir 3 litres durant el dia per recuperar el nivell d'hidratació.

Begudes de reposició

Com ha de ser la beguda ideal de reposició?

1. Millor fresca. Els líquids freds solen ser més agradables i ajuden a baixar la temperatura corporal.

2. No ha de contenir alcohol, cafeïna ni teïna, ja que afavoreixen la deshidratació.

3. És bo que contingui carbohidrats, que aporten energia als músculs durant la cursa i ajuden en la recuperació després de l'exercici.

4. És recomanable que contingui sodi. Uns 0,5-0,7 g de sodi per litre, sobretot si el temps d'exercici supera els 60 minuts. La presència de sodi en les begudes millora la seva palatabilitat, la qual cosa ajuda a la correcta hidratació, millora el mecanisme de transport de la molècula de glucosa a l'intestí, augmenta la seva velocitat d'absorció i contribueix al manteniment de l'osmolaritat plasmàtica.

5. No hi ha un consens sobre la necessitat que les begudes de reposició hidroelectrolítiques continguin potassi. Els quadres d'hipocalèmia són rars en l'esport, i només es produeixen en casos amb una elevada producció de suor associada a una manca de consum d'aquest mineral en la dieta. Sembla que no està justificada l'aportació de potassi.

Exemple de beguda isotònica casolana

- 1 litre d'aigua
- El suc de dues llimones
- 1 culleradeta de bicarbonat
- 1 culleradeta de sal
- 2 culleradetes de sucre

I l'alcohol?

L'alcohol s'ha de reduir al màxim si ens volem cuidar.

Els seus efectes sobre el sistema nerviós central i la seva toxicitat hepàtica el desaconsellen. A més, estimula la diüresi i és una font important de "calories buides", és a dir, calories que no aporten cap nutrient important.

El seu efecte sobre el rendiment esportiu és clarament negatiu. Per la seva acció depressora sobre el sistema nerviós central, fa disminuir l'activitat psicomotriu i els reflexos. Afavoreix la hipoglucèmia, sobretot en activitats de llarga durada, ja que dificulta la via metabòlica de la neoglucogènesi (formació de glucosa). A més, disminueix la resistència vascular i la ventilació.

SEGONA PART:
SABOR PER CÓRRER

INTRODUCCIÓ

"Som el que mengem", una frase que hem sentit infinitat de vegades i que és una gran veritat. Però som individus "pluriempleats", plens d'obligacions laborals, familiars i socials, amb poc temps per comprar i cuinar i amb una vida quotidiana complicada amb la qual hem de lluitar. I, a la vegada, som persones compromeses amb el nostre cos, preocupades per la salut, que intentem seguir un estil de vida saludable, persones a les quals ens agrada córrer per sentir-nos bé. No som persones avorrides ni acceptem que *equilibri* i *salut* signifiquin *monotonia* i *renúncia* al sabor i al plaer de menjar.

L'objectiu d'aquesta part del llibre és proporcionar receptes saludables, variades, saboroses i diferents que ens ajudin a gaudir de menjar bé, per facilitar-nos l'organització i l'elaboració de menús equilibrats que s'adaptin a les nostres necessitats de cada moment. Les receptes que he escollit són receptes diferents i originals per aportar varietat a la dieta diària, però també n'hi he inclòs algunes "de tota la vida", per demostrar que no són tan difícils de posar en pràctica. Espero transmetre que *sabor* no és antagònic de *salut*. Que ho gaudiu!

Alguns aclariments:

• Les diferents receptes estan estructurades de manera que en sigui més fàcil l'ús. Les he distribuït en diferents capítols, segons si són aptes per a una o altra ocasió. Això no significa que una recepta que es troba en el capítol de plat únic no es pugui utilitzar per a un *tupper*, o que un batut per a després de córrer no pugui ser un fantàstic berenar: els apartats són purament orientatius.

• Els “Ingredients” acostumen a indicar-se en mesures casolanes, per facilitar-ne l’elaboració. Les quantitats estan calculades per a dues persones, excepte els casos en què s’indica el contrari.

• L’apartat “Com fer-ho?” intenta ser clar i concís, per fer-ne més fàcil el seguiment.

• Les “Idees” ofereixen trucs o alternatives per facilitar-ne la conservació, fer variacions d’una mateixa recepta o alleugerir o enriquir els plats.

• L’objectiu de “Què ens aporta?” és enumerar els nutrients fonamentals que aporta la recepta per orientar segons les necessitats de cadascú.

• I, finalment, la “Composició nutricional per ració” està calculada per a una ració mitjana, tenint en compte que la mesura de les racions s’ha d’individualitzar.

Bon profit!

7. MENJAR DE *TUPPER*

Receptes apetitoses i nutricionalment equilibrades per a persones que es porten el dinar a la feina.

MACARRONS AMB BACALLÀ

Ingredients

100 g de bacallà esqueixat
200 g de tomàquet triturat
1/2 ceba ratllada (75 g)
150 g de macarrons
2 cullerades d'oli d'oliva (20 g)
Allioli o maionesa (opcional)

Com fer-ho?

- Poseu el bacallà en remull la nit anterior. Canvieu-li l'aigua diverses vegades fins a dessalar-lo.
- Renteu el bacallà, escorreu-lo i esmicoleu-lo.
- Sofregiu la ceba i el tomàquet en l'oli d'oliva.
- Afegiu-hi el bacallà a mitja cocció i seguiu la cocció durant 30 minuts, tapat i a foc lent.
- Bulliu els macarrons en abundant aigua salada.
- Barregeu els macarrons amb la salsa de bacallà.

Idees

- Es pot servir acompanyat d'allioli o maionesa, la qual cosa n'augmentarà el contingut energètic i gras, però també hi donarà un sabor i un toc molt especials.
- Si volem fer un plat més ràpid, podem substituir el bacallà per tonyina en conserva.

Què ens aporta?

- La pasta és una font important d'hidrats de carboni complexos.
- El bacallà és un peix blanc magre, ric en proteïnes d'alt valor biològic, poc gras i amb un contingut interessant de iode.
- El tomàquet és ric en licopè, un antioxidant potent, especialment indicat en la prevenció del càncer de pròstata.

Composició nutricional per ració

Energia: 452 kcal
Proteïnes: 38,3 g
Hidrats de carboni: 30,45 g
Lípids: 22,18 g
  Àcids grassos saturats: 2,92 g
  Àcids grassos monoinsaturats: 15,6 g
  Àcids grassos poliinsaturats: 2,06 g

Carxofes amb cloïsses

Ingredients

8 carxofes (800 g)
300 g de cloïsses
1/2 ceba picada (75 g)
1 gra d'all picat
1/2 got de vi blanc (50 cc)
250 ml de brou de peix
1 cullerada d'oli d'oliva (10 g)
Sal
Julivert picat
160 g d'arròs blanc

Com fer-ho?

- Netegeu les carxofes i talleu-les a quarts.
- Poseu les cloïsses en aigua amb sal perquè perdin la sorra.
- Poseu l'oli en una cassola o paella i afegiu-hi l'all i la ceba picats. Sofregiu-ho sense que arribi a cremar-se.
- Afegiu-hi el vi i porteu-ho a ebullició.
- Afegiu-hi el brou i les carxofes. Coeu-ho uns 15 minuts sense tapar.

• Afegiu-hi les cloïsses netes fins que s'obrin.
• Espolseu-hi julivert picat per sobre.
• Bulliu l'arròs amb aigua abundant i sal durant 15 minuts. Escorreu-lo.
• Serviu el plat amb acompanyament d'arròs bullit.

Idees

• El plat és ideal en temporada de carxofes, però també podem utilitzar carxofes congelades fora de temporada.

Què ens aporta?

• Les cloïsses són un marisc ric en proteïnes d'alt valor biològic, baix contingut en greix i són una font important de ferro.
• Les carxofes són una verdura de temporada amb aportació important de fibra i amb poder depuratiu i diürètic.
• L'arròs és un cereal compost principalment per midó, ideal com a font energètica.

Composició nutricional per ració

Energia: 574,3 kcal
Proteïnes: 39,6 g
Hidrats de carboni: 71,5 g
Lípids: 14,4 g
Àcids grassos saturats: 2,19 g
Àcids grassos monoinsaturats: 1,49 g
Àcids grassos poliinsaturats: 8,23 g

AMANIDA DE CIGRONS AMB *MOZZARELLA*

Ingredients

60 g de *mozzarella*
180 g de cigrons cuits
2 tomàquets (300 g)
1/2 escarola (100 g)
Menta fresca
2 cullerades soperes d'oli d'oliva verge (20 g)
Vinagre balsàmic de Mòdena
Sal i pebre

Com fer-ho?

- Marineu les boletes de *mozzarella* amb l'oli i unes fulles de menta durant 15 minuts.
- Netegeu i talleu l'escarola.
- Netegeu els tomàquets i talleu-los a daus.
- Barregeu els ingredients amb els cigrons cuits.
- Amaniu-ho amb l'oli, la sal, el pebre i el vinagre balsàmic.
- Afegiu-hi unes fulles de menta.

Idees

- És un plat molt lleuger, però si volem reduir la seva aportació de greix podem substituir la *mozzarella* per formatge fresc tipus Burgos, amb un contingut calòric molt baix.
- La menta és opcional, però dóna un toc de frescor a la recepta.

Què ens aporta?

- Els cigrons pertanyen al grup dels llegums, amb un contingut important en hidrats de carboni d'absorció lenta, proteïnes d'origen vegetal i fibra.
- La *mozzarella* és formatge de búfala, una font important de calci i proteïnes animals.
- L'escarola i el tomàquet són els representants del grup de les verdures i les hortalisses.

Composició nutricional per ració

Energia: 274,1 kcal
Proteïnes: 13,46 g
Hidrats de carboni: 17,63 g
Lípids: 16,48 g
    Àcids grassos saturats: 5,15 g
    Àcids grassos monoinsaturats: 2,6 g
    Àcids grassos poliinsaturats: 8,66 g

Bacallà amb samfaina

Ingredients

200 g de bacallà
2 albergínies (300 g)
1/2 ceba (75 g)

1/2 pebrot verd (50 g)
1/2 pebrot vermell (100 g)
1 carbassó (150 g)
300 g de patata
100 g de tomàquet fregit
2 cullerades soperes d'oli d'oliva (20 g)

Com fer-ho?

- Coeu el bacallà al microones (no gaire fet).
- Sofregiu el tomàquet amb una mica d'oli.
- Talleu i coeu, amb una mica d'oli d'oliva, les albergínies, la ceba, el pebrot vermell, el pebrot verd i el carbassó.
- Peleu les patates i talleu-les a daus. Coeu-les uns 10 minuts al microones i afegiu-les a la samfaina.
- Afegiu-hi el tomàquet sofregit i el bacallà, saleu-ho i deixeu-ho coure uns minuts tot junt.

Idees

- Podeu acompanyar-lo d'una ració d'arròs integral bullit o de llenties cuites per augmentar l'aportació d'hidrats de carboni.
- Si fregiu les patates amb oli, la textura queda diferent, però augmenta l'aportació de greixos del plat.

Què ens aporta?

- El bacallà és un peix blanc magre, ric en proteïnes d'alt valor biològic i amb baixa aportació de greix, de fàcil digestibilitat i econòmic.
- Les verdures de la samfaina són un còctel de vitamines hidrosolubles i minerals, amb un poder antioxidant important.
- La patata aporta hidrats de carboni d'absorció lenta, ideals per omplir els dipòsits de glucogen.

Composició nutricional per ració

Energia: 304,4 kcal
Proteïnes: 26,3 g
Hidrats de carboni: 48,7 g
Lípids: 11,7 g
  Àcids grassos saturats: 1,5 g
  Àcids grassos monoinsaturats: 1 g
  Àcids grassos poliinsaturats: 7,6 g

Empanada marinera

Ingredients (per a 4 persones)

200 g de massa de pasta de full
600 g de musclos
60 g de gambes pelades
80 g de bacallà fresc
100 g de salmó fresc
1 ceba mitjana (100 g)
1/2 gra d'all
1/2 tomàquet madur (50 g)
1 bulb de fonoll
40 g de xampinyons
1/2 llimona
Julivert, alfàbrega, llorer, sal, pebre, fonoll
1 cullerada sopera d'oli d'oliva
10 cc de vi blanc sec

Com fer-ho?

• Renteu i talleu el bulb de fonoll bullit, la ceba, l'all, el tomàquet i els xampinyons (ruixeu-los amb suc de llimona).

• Daureu la ceba, l'all i el tomàquet amb oli d'oliva amb el llorer.

• Afegiu-hi el vi blanc, la meitat del julivert, el pebre i el fonoll. Deixeu-ho bullir una mica a foc suau.

• Tireu-hi els musclos i aneu-los retirant a mesura que s'obrin.

• Deixeu-ho reduir a foc lent i reserveu-ho.

• Coeu els xampinyons amb una mica d'oli d'oliva durant uns 7 minuts.

• Daureu els peixos nets i tallats a trossos amb una mica d'oli d'oliva.

• En un bol, barregeu els xampinyons, els trossos de peix, els musclos sense closca, les gambes pelades, el julivert picat i l'alfàbrega.

• Cobriu un motlle per a forn amb massa de pasta de full.

• Ompliu-la amb els ingredients i regueu-ho amb la salsa prèviament reservada.

- Tanqueu l'empanada i poseu-la al forn durant 25 minuts, a potència mitjana.
- Deixeu-la reposar uns 10 minuts.

Idees

- Es pot menjar calenta o freda. És ideal per a pícnics.
- Si voleu augmentar la quantitat d'hidrats de carboni del plat, podeu incloure brots de soja, pèsols o llenties al farciment.
- Amb imaginació, es poden aprofitar restes de peix i marisc i pastes per fer empanades originals, saboroses i econòmiques. Per exemple: pasta amb tonyina, pebrots vermells i olives negres.
- Per evitar que les empanades amb sobres quedin seques, és recomanable afegir-hi alguns ingredients crus: espinacs, ceba, carbassó, porro, tomàquet, etc.

Què ens aporta?

- La massa de pasta de full aporta hidrats de carboni, però és bastant rica en greix.
- La proteïna animal ens l'aporten el peix, els musclos i les gambes.
- La ceba, el fonoll, el tomàquet i els xampinyons aporten la fibra, les vitamines i els minerals que completen el plat.

Composició nutricional per ració

Energia: 565,6 kcal
Proteïnes: 45,5 g
Hidrats de carboni: 30,8 g
Lípids: 30,1 g
Àcids grassos saturats: 14,1 g
Àcids grassos monoinsaturats: 7,4 g
Àcids grassos poliinsaturats: 5,1 g

AMANIDA DE POLLASTRE A LA VINAGRETA

Ingredients

2 pits de pollastre (300 g)
1/2 escarola
1 manat de créixens
1 ceba tendra

2 cullerades de cibulet picat
4 cullerades de vinagreta
100 g de llenties cuites
Sal gruixuda
Sal i pebre
Per confitar: 1/2 l d'oli d'oliva, camamilla, 2 grans d'all, pebre en gra, 1 branca de farigola

Com fer-ho?

- Afegiu tots els ingredients per confitar al mig litre d'oli.
- Salpebreu els pits de pollastre i confiteu-los a foc lent durant uns 20 minuts, tenint cura que quedin ben coberts per l'oli.
- Deixeu-los refredar dins l'oli i, després, escorreu-los i talleu-los a làmines fines.
- Prepareu una amanida amb l'escarola, els créixens, les llenties cuites i la ceba tendra i afegiu-hi les làmines de pollastre.
- Amaniu-la amb la vinagreta, el cibulet picat i una mica de sal gruixuda.

Idees

- És millor portar la vinagreta en un potet a banda i amanir l'amanida just abans de menjar-la.
- Els hidrats de carboni els podem augmentar si hi afegim un plat de pasta o arròs per acompanyar, o bé fent un llit de patata bullida amb pell i tallada a làmines i a sobre col·locar-hi l'amanida.

Què ens aporta?

- La verdura crua (créixens, ceba, escarola) és font de vitamines hidrosolubles, minerals i fibra.
- El pollastre aporta proteïna animal d'alt valor biològic i amb poc greix.
- Les llenties aporten glúcids al plat, i també proteïnes d'origen vegetal.

Composició nutricional per ració

Energia: 562,5 kcal
Proteïnes: 47,6 g
Hidrats de carboni: 35,6 g

Lípids: 25,4 g
- Àcids grassos saturats: 3,8 g
- Àcids grassos monoinsaturats: 3,34 g
- Àcids grassos poliinsaturats: 15,5 g

TRUITA DE CINTES

Ingredients

160 g de cintes de pasta amb ou
100 g de salsa de tomàquet
1 tomàquet madur
4 ous
20 g de formatge *gruyère* ratllat
2 cullerades d'oli d'oliva
Sal i pebre

Com fer-ho?

- Bulliu les cintes en aigua abundant fins que quedin *al dente*. Escorreu-les i reserveu-les.
- Coeu el tomàquet pelat i tallat a daus.
- Afegiu-hi la salsa de tomàquet i coeu-ho uns minuts més.
- Condimenteu les cintes amb la barreja.
- Bateu els ous.
- Afegiu el formatge ratllat als ous. Salpebreu-ho.
- En una paella antiadherent, aboqueu-hi els espaguetis i, seguidament, els ous batuts. Feu una truita.

Idees

- Podeu fer una sola truita o dues truites individuals, amb la meitat dels ingredients a cadascuna.
- Podeu augmentar la quantitat de verdura acompanyant la truita amb una amanida verda o prenent una ració de gaspatxo com a entrant, per exemple.

Què ens aporta?

- Hidrats de carboni complexos, sobretot amb les cintes de pasta.
- Proteïna animal d'alt valor biològic, per la ració d'ous.

• La fibra i les vitamines estan proporcionades sobretot pel tomàquet. El tomàquet és molt ric en licopè, un antioxidant molt important que sembla que té un paper protector contra el càncer de pròstata.

• El formatge *gruyère* és una font important de calci, amb un paper fonamental en el metabolisme i en la mineralització òssia.

Composició nutricional per ració

Energia: 646 kcal
Proteïnes: 26,9 g
Hidrats de carboni: 66,3 g
Lípids: 30,3 g
Àcids grassos saturats: 6,9 g
Àcids grassos monoinsaturats: 13,6 g
Àcids grassos poliinsaturats: 3,5 g

AMANIDA DE PEIXOS

Ingredients

200 g de filets de peix fresc o congelat
250 g de mongeta tendra
300 g de patata
50 g de raves
2 ous durs
2 tomàquets
Brou curt
Vinagreta: 1 cullerada de cafè de mostassa, 1 cullerada sopera de vinagre, 1 cullerada sopera de brou curt, sal, pebre

Com fer-ho?

• Talleu els filets de peix a tires de 2 cm de llarg i coeu-los amb brou curt 3-4 minuts.

• Deixeu-los refredar.

• Renteu i bulliu les mongetes al vapor, que quedin *al dente*. Deixeu-les refredar.

• Bulliu les patates senceres amb pell. Quan siguin cuites i una mica fredes, peleu-les i talleu-les a làmines.

• Talleu els raves i els tomàquets a làmines.

• Talleu els ous durs a rodanxes.

• Barregeu la mongeta tendra, els raves i els tomàquets i amaniu-ho amb la vinagreta.

• Munteu el plat: un llit de patata, un llit d'ou dur a sobre, la barreja de mongetes, raves i tomàquets al damunt i les tires de peix per sobre de tot.

Idees

• Porteu l'amaniment a part i amaniu-ho just abans de menjar-ho.

• El peix es pot substituir per filets de pollastre o gall dindi.

Què ens aporta?

• Tant el peix com els ous durs són una font de proteïnes d'alta qualitat.

• La mongeta tendra, el tomàquet i els raves aporten fibra i asseguren el contingut vitamínic i mineral del plat.

• La patata és la font d'hidrats de carboni.

• És un plat lleuger, amb baix contingut en greixos.

Composició nutricional per ració

Energia: 327 kcal
Proteïnes: 15,8 g
Hidrats de carboni: 39,2 g
Lípids: 7 g
    Àcids grassos saturats: 1,8 g
    Àcids grassos monoinsaturats: 2,3 g
    Àcids grassos poliinsaturats: 0,9 g

Aspic de llagostins

Ingredients

100 g de llagostins cuits i pelats
2 ous durs
200 g de gelatina de peix
200 g de blat de moro dolç en gra en conserva

Com fer-ho?

• Prepareu la gelatina seguint les instruccions del paquet.

• Col·loqueu en un motlle (individual o per a dos) l'ou dur tallat a rodanxes amb 1 cm de gelatina.

• Deixeu-ho refredar a la nevera.

- Afegiu-hi els llagostins, ompliu-ho amb gelatina i deixeu-ho refredar.
- Afegiu-hi el blat de moro dolç en gra i la resta de la gelatina.
- Torneu-ho a posar a la nevera.
- Desemmotlleu-lo abans de servir-lo.

Idees

- Aquesta recepta és pobra en hidrats de carboni i verdura, per la qual cosa hem de complementar el plat amb aliments rics en aquests dos nutrients per equilibrar-lo, per exemple, una patata al forn i pebrot i albergínia escalivats com a acompanyament.
- És perfecte per a pícnics i *tuppers* per a excursions familiars.

Què ens aporta?

- Aquest plat és eminentment proteic: tant els llagostins com els ous durs ens aporten proteïnes d'alt valor biològic.
- L'aportació de proteïna per part de la gelatina també és important, ja que està composta sobretot per aquest tipus de nutrients.
- És un plat poc energètic i saciant.

Composició nutricional per ració

Energia: 237,5 kcal
Proteïnes: 28 g
Hidrats de carboni: 12,2 g
Lípids: 8 g
    Àcids grassos saturats: 2,11 g
    Àcids grassos monoinsaturats: 3,03 g
    Àcids grassos poliinsaturats: 1,14 g

Espaguetis amb rossellones i gules

Ingredients

200 g d'espaguetis
200 g de rossellones
150 g de gules
1/2 got de salsa de tomàquet
4 grans d'all
1/2 ceba
Orenga, alfàbrega, pebre
2 cullerades d'oli d'oliva

Com fer-ho?

- Piqueu la ceba i dos grans d'all i coeu-ho en una paella amb oli d'oliva.
- Afegiu-hi les rossellones netes. Tapeu-ho i espereu que s'obrin.
- En una altra paella, daureu els 2 alls restants tallats petits. Afegiu-hi les gules i salteu-les.
- Barregeu les gules i les rossellones. Afegiu-hi julivert picat, pebre, orenga i alfàbrega.
- Bulliu els espaguetis *al dente* amb abundant aigua i sal.
- Barregeu els espaguetis amb les rossellones i les gules.

Idees

- Perquè l'àpat sigui complet, cal afegir-hi verdura. Una bona opció és una ració de gaspatxo com a entrant. Al mercat en venen racions individuals de bona qualitat organolèptica, fàcils de transportar i consumir.
- Podeu fer el plat amb qualsevol tipus de marisc o crustaci, segons les preferències i la disponibilitat.

Què ens aporta?

- És un plat energètic, ric en hidrats de carboni complexos en forma de pasta.
- Les gules i les rossellones aporten proteïnes d'alt valor biològic sense grans quantitats de greix animal.

Composició nutricional per ració

Energia: 745,8 kcal
Proteïnes: 42 g
Hidrats de carboni: 90 g
Lípids: 28,71 g
  Àcids grassos saturats: 4,7 g
  Àcids grassos monoinsaturats: 6,03 g
  Àcids grassos poliinsaturats: 14,82 g

8. MENJAR DE PLAT ÚNIC

Receptes de plats únics complets amb tots els macronutrients i que asseguren les necessitats nutricionals. Per a persones amb poc temps per menjar, que mengen soles o que tenen poca gana.

Paella de conill i carxofes

Ingredients

200 g d'arròs (bomba)
50 g de tomàquet triturat
1/2 pebrot vermell
2 carxofes
1/2 conill (300 g)
2 grans d'all
4 cullerades d'oli d'oliva
3/4 de l d'aigua

Com fer-ho?

- Escalfeu l'oli a la paella. Afegiu-hi el conill tallat a trossos i daureu-lo. Retireu-lo i reserveu-lo.
- Feu un sofregit amb el tomàquet i l'all.
- Incorporeu-hi les carxofes pelades i tallades a quarts.
- Quan el sofregit estigui gairebé llest, afegiu-hi el pebrot a daus.
- Afegiu-hi el conill i l'aigua. Deixeu-ho coure uns 30 minuts.
- Incorporeu-hi l'arròs i coeu-lo uns 20 minuts (els 5 primers a foc ràpid i aneu-lo abaixant gradualment).
- Afegiu-hi aigua o brou si cal.

Idees

• Podeu fer el mateix plat canviant les verdures i les proteïnes animals (en lloc de conill, marisc, peix o pollastre).

• Si feu un entrant amb una amanida o un puré de verdures, augmentareu la quantitat de verdura de l'àpat i el fareu més lleuger, ja que la ració de paella podrà ser menor.

• L'arròs bomba és ideal, ja que no es passa de cocció i queda molt saborós.

Què ens aporta?

• L'arròs té un 70-80% de midó. Com que és un hidrat de carboni d'absorció lenta, es converteix en un nutrient que aporta energia a l'organisme de forma gradual i durant un llarg període de temps. És un cereal apte per a celíacs, ja que no conté gluten. És de fàcil digestió, lleuger i molt saciant.

• El conill ens aporta proteïnes d'alt valor biològic (uns 20 g per 100 g) i té molt poc greix, ja que és una carn molt magra. Per tant, té un valor calòric baix (unes 85 kcal per 100 g).

• El tomàquet, el pebrot i la carxofa són fonts de vitamines i minerals, així com de fibra.

Composició nutricional per ració

Energia: 716 kcal
Proteïnes: 32,65 g
Hidrats de carboni: 82 g
Lípids: 28,65 g
Àcids grassos saturats: 5,70
Àcids grassos monoinsaturats: 3,94
Àcids grassos poliinsaturats: 16,65

ESCUDELLA I CARN D'OLLA

Ingredients

100 g de cigrons
1 os de pernil
1 os de vedella
1 peu de porc
75 g de carn de vedella
1/4 de pollastre (150 g)

50 g de pastanaga
1 nap
1/2 col
150 g de patates
Unes branques d'api
100 g de pasta per a sopa (galets)
Per a la pilota: 50 g de carn picada de vedella, 50 g de carn picada de porc, 1 ou, pa ratllat, julivert

Com fer-ho?

- En una olla amb un litre i mig d'aigua, poseu-hi els cigrons (en remull des del dia anterior), els ossos, el peu de porc, la carn de vedella i el pollastre.
- Quan arrenqui el bull, escumeu-ho (traieu-ne l'escuma sobrant).
- Prepareu la pilota amb la carn picada, l'ou batut, pa ratllat i julivert, i doneu-li una forma ovalada.
- Deixeu coure el brou unes 2 hores.
- Afegiu-hi la pilota, les pastanagues, el nap, les patates, la col i l'api.
- Deixeu-ho bullir una mitja hora més.
- Coleu el brou i poseu la carn i les verdures en una safata per servir. Rebutgeu els ossos.
- Bulliu la pasta amb una mica de brou.
- Es pot menjar barrejat o separat (primer la sopa de pasta i després la carn i les verdures).

Idees

- Podeu alleugerir el plat i fer-lo menys calòric i menys gras si desgreixeu el brou. Per desgreixar-lo, el més còmode és refrigerar-lo i eliminar-ne la capa greix que es forma a la superfície. Si opteu per carns magres i els retireu el greix visible i la pell abans d'incorporar-les al brou, l'aportació de greix també disminuirà notablement.
- En lloc d'una pilota gran, podeu fer petites mandonguilles amb els mateixos ingredients i afegir-les al brou.

Què ens aporta?

- És un plat complet que ens aporta hidrats de carboni (pasta de sopa, patata, cigrons), proteïna d'alt valor biològic (vedella, porc, pollastre), proteïna vegetal (cigrons) i fibra (verdures i llegums).

Composició nutricional per ració

Energia: 556 kcal
Proteïnes: 67,75 g
Hidrats de carboni: 35,4 g
Lípids: 16,45
Àcids grassos saturats: 4,93 g
Àcids grassos monoinsaturats: 6,32 g
Àcids grassos poliinsaturats: 2,96 g

POLLASTRE ROSTIT AMB CIGRONS

Ingredients (per a 3-4 persones)

1 pollastre sencer d'una mica menys d'1 kg
25 g d'ametlles ratllades
1 carbassó mitjà
75 g de cigrons cuits
2 tomàquets
25 g de panses
1/4 de l de brou de pollastre
1/2 got de vi blanc
2 cullerades de farina
Sal, pebre i julivert
2 cullerades d'oli d'oliva (20 g)

Com fer-ho?

- Salpebreu el pollastre, net de plomes i vísceres.
- Renteu i talleu el carbassó a daus i coeu-lo amb l'oli d'oliva.
- Afegiu-hi les ametlles picades i els cigrons i salpebreu-ho.
- Peleu i trossegeu els tomàquets. Afegiu-los a la barreja anterior juntament amb julivert picat.
- Ompliu el pollastre amb la barreja i reserveu-ne la sobrant.
- Coeu el pollastre durant aproximadament 1 h al forn a 200 °C. Afegiu-hi a poc a poc el vi i el brou i aneu-lo mullant amb el mateix suc.
- Deu minuts abans d'acabar la cocció, retireu el suc que ha deixat anar el pollastre i, si cal, afegiu-hi farina per espessir-lo.
- Barregeu-lo amb el farciment sobrant i afegiu-hi el suc. Serviu la salsa acompanyant el pollastre.

Idees

• Podeu omplir el pollastre amb altres combinacions d'aliments, per exemple: arròs amb carbassa i castanyes, etc.

• Un bon acompanyament pot ser un puré de pomes o de castanyes, de manera que hi afegim un extra de fruita, o unes cebes caramel·litzades.

• Com que el pollastre sencer és una ració massa abundant per a 2 persones, si en sobra podem filetejar-ne els pits i servir-los amb l'acompanyament i la salsa en una altra ocasió.

Què ens aporta?

• Com totes les receptes d'aquesta secció, aporta nutrients dels tres grups principals: proteïnes animals (pollastre) i vegetals (cigrons), hidrats de carboni complexos (cigrons) i verdures (tomàquet i carbassó).

• Aporta un plus energètic per la fruita seca: ametlles, riques en greixos vegetals, i panses, riques en glúcids d'absorció ràpida.

Composició nutricional per ració

Energia: 504 kcal
Proteïnes: 49 g
Hidrats de carboni: 24,5 g
Lípids: 28,2 g
  Àcids grassos saturats: 4,41 g
  Àcids grassos monoinsaturats: 9,63 g
  Àcids grassos poliinsaturats: 11,6 g

Cassola de sípia amb mongetes i bolets

Ingredients

1/2 kg de sípia
1 pastanaga
1/2 ceba
160 g de mongetes seques
100 g de bolets variats
2 tomàquets madurs
100 cl de vi blanc
100 cl de brou de peix

Una picada amb ametlles, pinyons, safrà, all, pa i julivert
Oli d'oliva (20 g)
Sal i pebre blanc

Com fer-ho?

- Talleu la sípia a daus i coeu-la amb el vi fins que s'estovi.
- Piqueu els tomàquets pelats i fregiu-los amb una cullerada d'oli d'oliva.
- Coeu la pastanaga i la ceba tallades a daus amb l'oli restant.
- Afegiu-hi els bolets tallats a daus.
- Barregeu el tomàquet, la pastanaga, la ceba, els bolets, les mongetes (ja cuites) i la sípia en una cassola.
- Afegiu-hi el brou de peix i la picada i deixeu-ho coure fins que estigui llest.

Idees

- Podeu afegir unes cloïsses al plat per completar-lo.
- Les mongetes es poden substituir per patates i fer un estofat de sípia, verdures i patata.

Què ens aporta?

- Els bolets són vegetals de temporada, tot i que gràcies a les tècniques de conservació actuals es poden consumir tot l'any. Tenen un contingut calòric molt baix. Són rics en ergosterol, una substància que pot transformar-se en vitamina D. Tenen quantitats importants de vitamines del grup B, en concret B2 i B3. També aporten alguns minerals, com iode, potassi i fòsfor. L'aportació vegetal del plat augmenta per la pastanaga i el tomàquet.
- La sípia és una font de proteïnes d'alt valor biològic amb molt poc greix i, per tant, amb poc valor calòric. El seu contingut en colesterol sí que és important, per la qual cosa no convé abusar-ne en cas de dislipèmies.
- Les mongetes seques són llegums, font de proteïnes vegetals. Són deficitàries en aminoàcids ensofrats (metionina i cistina) i, en combinar-les amb la sípia, aconseguim una proteïna més completa. Molt riques en midó, són aliments energètics per excel·lència. Destaquen també com a font de magnesi i zinc.

Composició nutricional per ració

Energia: 426,8 kcal
Proteïnes: 47,74 g
Hidrats de carboni: 35,37 g
Lípids: 13,8 g
Àcids grassos saturats: 1,88 g
Àcids grassos monoinsaturats: 1,68 g
Àcids grassos poliinsaturats: 8,57 g

Bacallà al forn amb samfaina i patates

Ingredients

300 g de bacallà (preferiblement morro)
400 g de patates
Samfaina de verdures variades: carbassó, albergínia, pebrot vermell, ceba
1 got de vi de Porto
Oli d'oliva (10 g)
Sal i pebre

Com fer-ho?

- Passeu el bacallà per la planxa, 5 minuts per cada costat.
- Peleu les patates i talleu-les a làmines fines.
- Poseu en una safata per a forn les patates, el bacallà i la samfaina de verdures. Salpebreu-ho i amaniu-ho amb el vi de Porto i un rajolí d'oli d'oliva.
- Coeu-ho al forn a 170 °C durant 10 minuts.

Idees

- Podeu coure les patates al microones prèviament per evitar que quedin massa crues.
- La samfaina de verdures es pot fer amb les verdures que vulgueu tallades a daus i cuites en una paella amb una mica d'oli d'oliva. També la podeu substituir per un variat de bolets o per porro tallat a la juliana (l'aportació nutricional és equivalent).
- El bacallà és un peix blanc fàcil de menjar a causa del seu escàs contingut en espines i la seva alta digestibilitat. Ideal per a nens i gent gran.

Què ens aporta?

• Hidrats de carboni, amb funció energètica, per les patates.

• Proteïna animal d'alt valor biològic, amb molt poc greix, pel bacallà.

• Fibra, minerals i vitamines, per la samfaina.

Composició nutricional per ració

Energia: 518 kcal
Proteïnes: 10,1 g
Hidrats de carboni: 57,6 g
Lípids: 13,55 g
    Àcids grassos saturats: 1,74 g
    Àcids grassos monoinsaturats: 1,6 g
    Àcids grassos poliinsaturats: 8,6 g

WOK DE VERDURES, TONYINA I FIDEUS

Ingredients

300 g de tonyina (tallada a filets d'un cert gruix)
1/2 carbassó
1 pastanaga
6 espàrrecs verds
3 espàrrecs blancs
1 porro
200 g de fideus xinesos
1 cullerada d'oli d'oliva
Per a la salsa: 1,5 cullerades d'alga nori i 1 cullerada de salsa de soja

Com fer-ho?

• Feu la salsa: poseu en remull les algues durant 7-10 minuts. Escorreu-les i coeu-les amb aigua (uns 100 ml) i salsa de soja. Deixeu-la reduir uns 15 minuts. Coleu-la i reserveu-la.

• Talleu el carbassó, la pastanaga pelada, els espàrrecs i el porro a bastonets. Salteu-ho al *wok* ben calent per separat.

• Netegeu el llom de tonyina, preparat a filets gruixuts, i talleu-lo a daus o rombes. Salteu-los al *wok* uns 20 segons.

• Poseu 1 litre d'aigua a bullir. Quan arrenqui el bull, aboqueu-hi els fideus i retireu-ho del foc. Deixeu-los reposar 4 minuts (o el temps que indiqui el paquet) i escorreu-los.

• Barregeu les verdures, la tonyina, els fideus i la salsa al *wok*, doneu-hi unes voltes i serviu-ho.

Idees

• El *wok* s'ha d'utilitzar sempre molt calent i amb el foc fort. Per a la cocció en *wok* fa falta molt poc oli, per la qual cosa resulta una cocció molt saludable.

• Podeu fer el mateix plat canviant els ingredients: substituir els fideus per arròs; canviar les verdures; utilitzar pollastre, calamars, sípia, salmó o gambetes en lloc de la tonyina...

Què ens aporta?

• La tonyina és un peix blau que ens aporta proteïna animal i que és ric en àcids grassos poliinsaturats, molt cardiosaludables.

• Els fideus xinesos solen estar elaborats amb arròs. Són una font d'hidrats de carboni complexos apta també per a celíacs.

Composició nutricional per ració

Energia: 660 kcal
Proteïnes: 47,3 g
Hidrats de carboni: 59,6 g
Lípids: 25,4 g
  Àcids grassos saturats: 5,1 g
  Àcids grassos monoinsaturats: 8,5 g
  Àcids grassos poliinsaturats: 6,5 g

Pastís de tonyina

Ingredients

150 g de puré de patata deshidratat
80 g de tonyina en conserva en oli d'oliva
1 ou dur
100 g d'olives farcides d'anxoves
1 cullerada sopera de salsa de tomàquet (10 g)
100 cc de llet sencera
Salsa maionesa

Com fer-ho?

Prepareu el puré de patata:

- Poseu a bullir 250 cc d'aigua amb una mica de sal.
- Quan arrenqui el bull, apagueu el foc i afegiu-hi la llet i els flocs de puré de patata deshidratats.
- Barregeu-ho bé amb una espàtula fins que quedi una massa homogènia bastant espessa.
- Si creieu que cal, podeu afegir-hi més llet.

Prepareu el farcit:

- Obriu la llauna de tonyina i trossegeu-ne el contingut amb una forquilla.
- Trossegeu petites les olives farcides (reserveu-ne 5 o 6 per decorar el pastís) i l'ou dur.
- Barregeu tots els ingredients i afegiu-hi la cullerada de salsa de tomàquet.

Prepareu el pastís:

- En un drap de cuina de tela o un tovalló estès a la taula de treball, poseu-hi el puré de patata, encara una mica calent, i, amb l'ajuda de les mans humitejades, formeu-ne un rectangle d'1 cm de gruix aproximadament.
- Col·loqueu el farcit al centre del rectangle, de cap a cap.
- Amb l'ajuda del drap, enrotlleu el puré en forma de braç de gitano i poseu-lo en una safata.
- Cobriu el pastís amb la salsa maionesa i adorneu-lo amb les olives sobrants.

Idees

- És un pastís bastant estival. Si substituïu el farciment per carn picada i el cobriu amb beixamel o salsa de tomàquet, teniu un altre plat amb la mateixa base.
- Podeu afegir al farciment altres ingredients, com pebrot escalivat, gambetes, blat de moro, palets de cranc, etc., segons les preferències.

Què ens aporta?

- La base del pastís, el puré de patata, és una font d'hidrats de carboni, amb una aportació extra de calci gràcies a la llet.
- La tonyina i les anxoves són peixos grassos, amb una aportació important d'omega-3, així com de proteïnes de qualitat.

• És un plat bastant ric en greixos per la salsa maionesa i les olives, però són greixos d'origen vegetal, molt rics en àcid oleic (sempre partint de la base que fem la maionesa amb oli d'oliva).

Composició nutricional per ració

Energia: 613 kcal
Proteïnes: 20,9 g
Hidrats de carboni: 66,4 g
Lípids: 35,5 g
Àcids grassos saturats: 8,5 g
Àcids grassos monoinsaturats: 19,4 g
Àcids grassos poliinsaturats: 6,5 g

Estofat de vedella

Ingredients

200 g de carn de vedella melosa trossejada (la carn del coll és ideal)
2 salsitxes
1 ceba petita
2 grans d'all
1 tomàquet madur
2 patates grans
2 pastanagues
2 carxofes
100 g de xampinyons
Brou de carn
60 cc de vi negre
20 g d'oli d'oliva
Sal, pebre i herbes

Com fer-ho?

• En una cassola, poseu-hi l'oli, la carn de vedella salpebrada, la ceba, els grans d'all (pelats però sencers), el tomàquet, les herbes i 1/4 de got de vi negre.

• Coeu-ho a foc suau durant una hora. Afegiu-hi brou de carn si és necessari.

• Retireu la carn i tritureu tota la resta del contingut de la cassola.

• Torneu a posar la carn i el resultat del triturat a la cassola.

• Afegiu-hi les salsitxes tallades a trossos, les pastanagues i les patates tallades a daus grossos, les carxofes tallades a quarts i els xampinyons, amb un got de brou de carn.

• Coeu-ho a foc suau durant una altra hora aproximadament. Si cal, afegiu-hi brou.

Idees

• És millor servir-ho després de deixar-ho reposar almenys un parell d'hores.

• Podeu variar o afegir-hi verdures segons la temporada, les preferències o la disponibilitat.

Què ens aporta?

• La carn de vedella ens aporta proteïnes animals d'alt valor biològic. Com més magre sigui el tros, menys greix saturat afegim al plat.

• La patata és una font d'hidrats de carboni complexos, amb funció eminentment energètica.

• Les diferents verdures i els xampinyons aporten fibra, minerals i vitamines.

Composició nutricional per ració

Energia: 464 kcal
Proteïnes: 29,6 g
Hidrats de carboni: 45,2 g
Lípids: 19 g
Àcids grassos saturats: 4,6 g
Àcids grassos monoinsaturats: 10,7 g
Àcids grassos poliinsaturats: 1,6 g

Fideuada amb sípia i gambetes

Ingredients

2 o 3 grans d'all
300 g de sípia
100 g de gambetes pelades
200 g de fideus de cabell d'àngel
2 cullerades d'oli d'oliva (20 g)
1 litre de brou de peix
Allioli

Com fer-ho?

- En una cassola grossa o una paella, fregiu-hi els grans d'all sencers pelats amb 1,5 cullerades d'oli d'oliva. Retireu els alls abans no es cremin.
- Coeu la sípia neta i tallada a trossos amb la resta de l'oli en una altra paella.
- Afegiu-hi 1/2 tassa de vi blanc. Bulliu-ho fins que l'alcohol s'evapori.
- Un cop cuita, tritureu la sípia amb una picadora.
- Tireu els fideus a la cassola grossa i aneu-los remenant contínuament fins que adquireixin un color torrat, vigilant que no es cremin.
- Mentrestant, escalfeu el brou de peix a part.
- Afegiu la sípia triturada als fideus.
- Afegiu-hi les gambetes pelades.
- Afegiu-hi brou fins que els fideus quedin coberts i saleu-ho.
- Deixeu-ho coure entre 10 i 15 minuts fins que els fideus siguin cuits. Remeneu-ho de tant en tant i afegiu-hi brou si cal.
- Un cop acabat el plat, gratineu-lo al forn fins que els fideus quedin en punta.
- Serviu-ho acompanyat de l'allioli.

Idees

- Les gambetes són opcionals. Es poden complementar o substituir per cloïsses, rossellones, musclos, etc.
- Sense l'allioli, el valor calòric del plat és molt menor, se'n rebaixa sobretot el contingut en greixos.
- Per ser un plat complet, hi falta la verdura. Es pot completar, per exemple, amb una amanida o uns espàrrecs com a entrant.

Què ens aporta?

- Els fideus pertanyen al grup de les pastes alimentàries, amb contingut majoritari en hidrats de carboni d'absorció lenta.
- La sípia i les gambetes aporten la proteïna animal, amb un baixa aportació de contingut gras.
- El contingut gras del plat augmenta molt amb l'allioli. Són greixos vegetals insaturats, ja que s'elabora amb oli d'oliva i all en emulsió.

Composició nutricional per ració

Energia: 590 kcal
Proteïnes: 40,3 g
Hidrats de carboni: 77 g
Lípids: 13,3 g
  Àcids grassos saturats: 1,6 g
  Àcids grassos monoinsaturats: 7,4 g
  Àcids grassos poliinsaturats: 1,3 g

RISOTTO DE BOLETS, ESPÀRRECS I LLAGOSTINS

Ingredients

200 g d'arròs
100 g d'espàrrecs verds fins
200 g de bolets variats
200 g de cues de llagostins pelades
Brou de verdures
1/2 got de vi blanc
40 g de parmesà ratllat
2 cullerades d'oli d'oliva (20 g)

Com fer-ho?

- En una cassola, escalfeu l'oli d'oliva.
- Afegiu-hi l'arròs i barregeu-ho.
- Afegiu-hi els espàrrecs i els bolets tallats a trossos.
- Salteu-ho uns minuts mentre remeneu.
- Afegiu-hi el vi blanc i reduïu-lo uns minuts més.
- Mentrestant, escalfeu el brou de verdures.
- Afegiu-hi les cues de llagostí pelades.
- Aboqueu-hi el brou i coeu-ho durant uns 20 minuts. Si cal, afegiu-hi més brou.
- Quan la cocció estigui pràcticament acabada, incorporeu-hi el formatge parmesà ratllat i barregeu-ho.

Idees

- Les cues de llagostí es poden substituir per trossets de carn o tacs de pernil i el gust canvia completament.

• També podem canviar els espàrrecs i els bolets per altres verdures, com les carxofes.

Què ens aporta?

• En aquest plat, l'aportació principal són els hidrats de carboni complexos en forma d'arròs.

• Els espàrrecs i els bolets són els representants del grup de les verdures.

• Les cues de llagostí són una font de proteïna animal d'alt valor biològic.

• El parmesà enriqueix el plat amb proteïna animal, greix i, en ser molt ric en aquest mineral, una aportació extra de calci.

Composició nutricional per ració

Energia: 659 kcal
Proteïnes: 40,1 g
Hidrats de carboni: 83,4 g
Lípids: 18,4 g
  Àcids grassos saturats: 5,1 g
  Àcids grassos monoinsaturats: 9,3 g
  Àcids grassos poliinsaturats: 1,5 g

9. MENJAR EN FAMÍLIA

Receptes de primers i segons plats que pot menjar tota la família, especialment pensats per a corredors/es que solen sopar en família.

Primers plats

GRATINAT DE PATATES I CARBASSÓ

Ingredients

200 g de patates
1 carbassó
1/4 de l de llet
50 g de formatge emmental ratllat
1 cullerada de nata
Julivert picat, sal, pebre i nou moscada

Com fer-ho?

- Talleu les patates i els carbassons a rodanxes gruixudes i coeu-les en un cassó amb la llet fins que les patates siguin tendres.
- Assaoneu-ho amb sal, pebre i nou moscada.
- Escorreu-ho i reserveu-ne la llet de cocció.
- Unteu una safata per al forn amb oli i poseu-hi les patates i el carbassó en pisos.
- Barregeu la llet amb la nata i aboqueu-ho per sobre de les patates i el carbassó.
- Espolseu-hi julivert picat i formatge ratllat per sobre.
- Gratineu-ho al forn.

Idees

• Si hi afegiu trossets de pollastre rostit o pernil, fareu un plat complet saborosíssim.

• Podeu substituir el carbassó per altres verdures, com albergínia, bledes, etc.

Què ens aporta?

• El carbassó és una hortalissa de la família de les curcubitàcies. Té un contingut calòric baix, ja que la seva composició principal és aigua i fibra. Destaca el seu contingut en folats i vitamina C, i és una bona font de potassi. A més, conté mucílags, que són un tipus de fibra que suavitza i desinflama les mucoses de l'aparell digestiu, de manera que és de digestió fàcil.

• La patata és un aliment del grup de les fècules, és a dir, que ens aporta sobretot hidrats de carboni d'absorció lenta.

• L'aportació de calci del plat és considerable, pel seu contingut en llet i formatge.

Composició nutricional per ració

Energia: 314,8 kcal
Hidrats de carboni: 30,3 g
Proteïnes: 14,1 g
Lípids: 15,45 g
  Àcids grassos saturats: 8,2 g
  Àcids grassos monoinsaturats: 4,05 g
  Àcids grassos poliinsaturats: 0,58 g

Amanida tèbia de mongeta tendra i gambes

Ingredients

100 g de barreja de fulles d'enciams variats
200 g de mongeta tendra
50 g de pernil salat
1/2 pebrot del *piquillo*
50 g de gambes congelades
160 g d'arròs blanc
Per a la vinagreta: 2 cullerades d'oli d'oliva verge, 1 tomàquet sec, 1 cullerada de vinagre de Mòdena, sal i pebre

Com fer-ho?

- Bulliu l'arròs amb abundant aigua i sal. Escorreu-lo i reserveu-lo.
- Bulliu les mongetes *al dente*.
- Salteu-les amb el pernil tallat a tires.
- Salteu les gambes.
- Emplateu les mongetes tendres i un flam d'arròs blanc al centre, les gambes a sobre, les fulles d'enciams variats al voltant i tires de pebrot per sobre.
- Tritureu els ingredients per a la vinagreta i ruixeu el plat amb la barreja.

Idees

- És un plat lleuger i digestiu. Si voleu fer-lo més energètic, podeu substituir la vinagreta d'amaniment per una salsa més energètica, com una maionesa o una salsa *pesto*.

Què ens aporta?

- Les mongetes tendres són un aliment amb baixa aportació calòrica, deguda sobretot als hidrats de carboni concentrats a les seves llavors, així com a la presència d'una petita quantitat de proteïnes. Són una bona font de fibra i de minerals com el potassi i el calci. També són una bona font de vitamina C, folats i betacarotens.
- L'enciam és molt ric en aigua i vitamines, entre les quals destaquen els folats, la provitamina A i les vitamines C i E, potents antioxidants.
- Les proteïnes d'aquest plat les aporten el pernil i les gambes. Són proteïnes d'alt valor biològic.
- L'arròs bullit és la font principal d'hidrats de carboni d'absorció lenta.

Composició nutricional per ració

Energia: 545 kcal
Hidrats de carboni: 71,05 g
Proteïnes: 18,55 g
Lípids: 20,75 g
    Àcids grassos saturats: 4,35 g
    Àcids grassos monoinsaturats: 11,15 g
    Àcids grassos poliinsaturats: 10,27 g

Sopa de fideus amb carxofes

Ingredients

100 g de fideus
2 carxofes
1 cullerada d'oli d'oliva
50 g de cigrons cuits
1 gra d'all
1/2 l de brou de pollastre
1/2 llimona
10 g de formatge parmesà ratllat
Sal, pebre i julivert

Com fer-ho?

• Netegeu les carxofes i talleu-les a trossos petits. Ruixeu-les amb el suc de llimona per evitar que s'ennegreixin.

• Sofregiu la ceba amb una mica d'oli d'oliva en una cassola fonda. Afegiu-hi les carxofes a mitja cocció.

• Afegiu-hi el brou de pollastre, el gra d'all i el julivert picat. Salpebreu-ho.

• Coeu-ho a foc lent una mitja hora.

• Afegiu-hi els fideus i coeu-ho uns 7 minuts més.

• Afegiu-hi els cigrons cuits.

• Espolseu-hi formatge parmesà ratllat per sobre abans de servir-ho.

Idees

• Si voleu fer el plat més lleuger, podeu eliminar els cigrons i el formatge parmesà de la recepta. També és important desgreixar el brou traient-li la capa de greix que es forma a la superfície quan es refreda.

• Utilitzar el brou ja elaborat i envasat pot ser una solució pràctica per improvisar un sopar nutritiu.

• Aquesta recepta és ideal per als mesos d'hivern i per a famílies amb nens i gent gran.

Què ens aporta?

• Els hidrats de carboni lents són els protagonistes de la recepta, en forma de fideus i cigrons.

- Oligoelements i fibra, per les carxofes i la ceba.
- Calci i proteïnes làcties, pel formatge parmesà.

Composició nutricional per ració

Energia: 406,25 kcal
Hidrats de carboni: 65,6 g
Proteïnes: 16,3 g
Lípids: 8,5 g
Àcids grassos saturats: 1,15 g
Àcids grassos monoinsaturats: 4,5 g
Àcids grassos poliinsaturats: 1,51 g

SAMFAINA

Ingredients

2 patates mitjanes (300 g)
1 pebrot vermell
1 albergínia
1 tomàquet madur
1 carbassó
1/2 ceba
1/2 gra d'all
1 manat d'herbes (llorer, farigola, etc.)
Sal i pebre
2 cullerades d'oli d'oliva

Com fer-ho?

- Peleu les patates, talleu-les a daus i fregiu-les amb oli d'oliva.
- Ofegueu l'all, la ceba i el pebrot tallats a trossos en una cassola antiadherent.
- Afegiu-hi les albergínies, els carbassons i els tomàquets pelats tallats a daus.
- Afegiu-hi el manat d'herbes, la sal i el pebre.
- Coeu-ho a foc lent 3/4 d'hora o 1 hora, remenant-ho de tant en tant.
- Afegiu-hi les patates fregides quan quedin uns minuts per acabar la cocció.

Idees

• És una manera diferent de menjar verdures, especialment interessant per als poc amants d'aquest grup d'aliments i per als nens.

• Pot ser un primer plat o un acompanyament ideal tant per a carns com per a peixos, o fins i tot per a ous.

• Les verdures utilitzades són un exemple, però podem utilitzar qualsevol verdura, de manera que resulta ideal per aprofitar "restes" de verdures de la nevera.

Què ens aporta?

• All. Ric en components de naturalesa ensofrada, amb qualitats diürètiques, depuratives, antisèptiques i antibacterianes.

• Ceba. La ceba és molt rica en fibra, diürètica, depurativa i rica en antioxidants.

• Pebrots. Molt rics en vitamina C, sobretot els de color vermell. També són rics en carotens, entre els quals hi ha la capsantina, amb propietats antioxidants. El seu contingut en provitamina A també és destacable.

• Albergínia. Les seves propietats dietètiques saludables es deuen al seu contingut en antioxidants (àcid clorogènic i flavonoides).

• Carbassó. Molt ric en antioxidants i molt suau de gust.

• Tomàquet. És una font interessant de fibra, minerals com el potassi i el fòsfor i vitamines, entre les quals destaquen la C, la E, la provitamina A i vitamines del grup B, especialment B1 i B3. A més, presenta un alt contingut en carotens com el licopè, amb gran poder antioxidant.

• Patata. Tubercle el nutrient principal del qual són els hidrats de carboni d'absorció lenta, amb funció predominantment energètica.

Composició nutricional per ració

Energia: 282,75 kcal
Hidrats de carboni: 40,65 g
Proteïnes: 5,75 g
Lípids: 10,65 g
  Àcids grassos saturats: 1,4 g
  Àcids grassos monoinsaturats: 7,3 g
  Àcids grassos poliinsaturats: 0,9 g

Tallarines de supervivència

Ingredients

120 g de tallarines
75 g de tonyina en conserva en oli d'oliva
2 filets d'anxova en oli d'oliva
6 olives farcides de pebrot
100 g de tomàquet madur
2 cullerades d'oli d'oliva
1 gra d'all
Sal, pebre i orenga

Com fer-ho?

- En una paella, coeu el tomàquet pelat i tallat a daus i el gra d'all tallat a làmines durant uns 15 minuts. Reserveu-ho.
- Amb una mica d'oli, desfeu les anxoves amb una forquilla a la paella. Afegiu-hi la tonyina esmicolada i les olives tallades a trossos.
- Afegiu-hi el tomàquet i coeu-ho tot junt uns 5 minuts. Salpebreu-ho.
- Bulliu les tallarines amb aigua abundant amb sal fins que quedin *al dente.*
- Escorreu-les i barregeu-les amb la salsa anterior.
- Espolseu-hi orenga per sobre abans de servir-ho.

Idees

- Per alleugerir el plat, hem de fer servir tonyina en conserva al natural en lloc d'oli d'oliva, ja que d'aquesta manera el contingut calòric disminueix considerablement. També podem eliminar les olives o substituir-les per tàperes.
- És un plat molt complet i podem menjar-lo de segon plat, complementant-lo amb una amanida o una crema de verdures de primer.

Què ens aporta?

- Hidrats de carboni amb funció de combustible, per les tallarines.
- Proteïnes d'alt valor biològic, per la tonyina i les anxoves.

• A més, tots dos peixos són grassos, rics en greixos insaturats cardiosaludables. Les olives són també riques en àcid oleic, un greix monoinsaturat.

• El tomàquet és la font d'antioxidants, especialment pel licopè, característic d'aquesta verdura.

Composició nutricional per ració

Energia: 467 kcal
Hidrats de carboni: 48,7 g
Proteïnes: 19,7 g
Lípids: 21,8 g
  Àcids grassos saturats: 4 g
  Àcids grassos monoinsaturats: 10,14 g
  Àcids grassos poliinsaturats: 3,1 g

AMANIDA ARC DE SANT MARTÍ

Ingredients

50 g de mongetes seques cuites
50 g de blat de moro dolç en gra en conserva
100 g de pastanaga
100 g de pebrot vermell
100 g d'albergínia
100 g de mongeta tendra
50 g de llenties cuites
Per a la vinagreta: 2 cullerades d'oli d'oliva verge, 1 cullerada de vinagre de Mòdena, 1 culleradeta de mostassa forta, sal, pebre

Com fer-ho?

• Peleu la pastanaga i ratlleu-la.

• Netegeu el pebrot i talleu-lo a daus.

• Talleu l'albergínia a daus amb la pell i coeu-la una mitja hora amb una mica d'oli d'oliva.

• Netegeu les mongetes tendres, talleu-les a trossos petits i bulliu-les amb aigua amb sal fins que estiguin *al dente*.

• Presenteu-ho en una safata o en un plat per files, segons l'ordre de la llista d'ingredients, perquè quedi la progressió de colors (blanc, groc, taronja, vermell, morat, verd i marró).

• Serviu la salsa d'amaniment a banda.

Idees

• Variacions de la mateixa amanida amb diferents ingredients: els substituïm per arròs bullit (blanc), cigrons cuits (groc), carbassa cuita (taronja), tomàquet madur (vermell), remolatxa o col llombarda (morat), carxofes (verd) i patates petites bullides amb pell (marró).

• Si volem alleugerir l'amanida, podem substituir les fècules per verdures: coliflor en lloc de mongetes seques (blanc), pebrots grocs en lloc de blat de moro (groc) i bolets en lloc de llenties (marró).

Què ens aporta?

• Aquest plat és molt ric en fibra, minerals i vitamines hidrosolubles per les verdures: pastanaga, albergínia, mongeta tendra, pebrot.

• La seva altra aportació principal són els hidrats de carboni complexos: llenties, blat de moro i mongetes seques.

• Aporta també proteïnes vegetals, incompletes en algun aminoàcid essencial.

Composició nutricional per ració

Energia: 321 kcal
Hidrats de carboni: 41,5 g
Proteïnes: 13,4 g
Lípids: 11,22 g
    Àcids grassos saturats: 1,4 g
    Àcids grassos monoinsaturats: 7,2 g
    Àcids grassos poliinsaturats: 0,9 g

Segons plats

ROGERS AMB ESPINACS

Ingredients

300 g de rogers
500 g de fulles d'espinacs frescos o congelats
1 grapat de panses (25 g)
1 grapat de pinyons (25 g)
1/2 gotet de moscatell (25 cc)
1 cullerada d'oli d'oliva (10 g)
Sal i pebre

Com fer-ho?

- Netegeu els rogers i filetegeu-los.
- Coeu els filets a la planxa, daurant-los però sense acabar de fer-los.
- En una paella, salteu amb una mica d'oli els espinacs, les panses, els pinyons i un raig de moscatell.
- Serviu els rogers i els espinacs acompanyats del suc del saltat.

Idees

- Podeu completar el plat amb arròs (millor integral) bullit o patates cuites amb pell. D'aquesta manera, el menú serà complet.
- Una altra manera de coure els rogers és al microones, en un recipient de silicona: cocció sana i poc greix.

Què ens aporta?

- Els rogers són un peix ric en àcids grassos insaturats, amb proteïnes d'alt valor biològic.
- Els espinacs, verdura de fulla verda, són font de fibra i minerals, així com de vitamines del grup B.
- Els pinyons formen part del grup de la fruita seca. La seva aportació fonamental és greix.
- Les panses, fruites dessecades, per contra, aporten sobretot sucres d'absorció ràpida i fibra.

Composició nutricional per ració

Energia: 336 kcal
Proteïnes: 26,7 g
Hidrats de carboni: 10,85 g
Lípids: 14,75 g
    Àcids grassos saturats: 2,57 g
    Àcids grassos monoinsaturats: 7,57 g
    Àcids grassos poliinsaturats: 6,17 g

Tronc de lluç a la Donostia

Ingredients

2 trossos de lluç d'uns 150 g cadascun
2 alls

100 g de carbassa
1 pastanaga
25 g de gambetes pelades
2 cullerades d'oli d'oliva
Pebre vermell i vinagre (de Mòdena)

Com fer-ho?

- Salteu les verdures tallades a daus amb les gambetes pelades i reserveu-ho.
- Fregiu els alls laminats amb l'oli d'oliva. Afegiu-hi el pebre vermell i el vinagre quan siguin daurats i deixeu-ho reduir.
- Coeu els troncs de lluç al forn o a la planxa.
- Ruixeu el lluç amb la barreja anterior i serviu-lo acompanyat de les verdures i les gambetes.

Idees

- Les verdures d'acompanyament són perfectes si el primer plat és a base d'hidrats de carboni. Si el primer plat fos a base de verdures, podríem optar per arròs, pasta o patates com a acompanyament del lluç.
- És un plat lleuger ideal per a persones que vulguin una alimentació poc calòrica.

Què ens aporta?

- L'aportació principal és de proteïnes d'alt valor biològic, pel lluç i les gambetes. A més, tots dos són aliments pobres en greixos.
- Les verdures d'acompanyament són una font vitamínica i mineral per excel·lència.

Composició nutricional per ració

Energia: 262,5 kcal
Hidrats de carboni: 7,2 g
Proteïnes: 29,3 g
Lípids: 13,41 g
  Àcids grassos saturats: 1,72 g
  Àcids grassos monoinsaturats: 7,37 g
  Àcids grassos poliinsaturats: 1,53 g

Conill a la mostassa

Ingredients

1/2 conill tallat a quarts (300 g)
1/2 ceba
1 gra d'all
1 cullerada de mostassa de Dijon
1 cullerada de mostassa en gra
Herbes aromàtiques
1/2 gotet de vi negre
2 cullerades d'oli d'oliva

Com fer-ho?

- Fregiu el conill en una cassola amb oli d'oliva fins que quedi daurat.
- Afegiu-hi la ceba tallada a trossos petits i, quan sigui cuita, l'all.
- Afegiu-hi el vi, les mostasses i les herbes.
- Deixeu-ho coure a foc lent durant uns 40 minuts. Afegiu-hi una mica d'aigua si és necessari.

Idees

- La mateixa recepta es pot fer amb gall dindi o pollastre, amb característiques nutricionals equivalents al conill, que no és del gust de tots els comensals.
- L'acompanyament ideal variarà entre verdures, amanida, arròs o pasta, depenent de la composició nutricional del primer plat.

Què ens aporta?

- El valor nutricional d'aquest plat equival pràcticament al del conill, que és una carn magra i tova, per la qual cosa resulta fàcil de mastegar. Conté proteïnes de bona qualitat en quantitats similars a la resta de carns i poc greix.

Composició nutricional per ració

Energia: 419,5 kcal
Hidrats de carboni: 7,64 g
Proteïnes: 34,1 g
Lípids: 22,5 g
    Àcids grassos saturats: 6,5 g

Àcids grassos monoinsaturats: 16,5 g
Àcids grassos poliinsaturats: 3,8 g

Sopa de peix

Ingredients

200-300 g de peix variat. Per exemple: 50 g de rap, 50 g de lluç, 50 g de congre i 2 rogers
1 cullerada sopera d'oli d'oliva
1/2 ceba
1 escalunya
1 tomàquet madur
1 gra d'all
1/2 branca d'api
50 g d'arròs
25 g de crostons de pa
Julivert i 1 fulla de llorer
1 punta de safrà
Sal i pebre

Com fer-ho?

- Ofegueu la ceba i totes les verdures tallades petites en l'oli.
- Afegiu-hi 1 litre d'aigua, la sal, el pebre, el safrà, el julivert i el llorer.
- Deixeu-ho coure uns 30 minuts.
- Afegiu-hi els peixos nets, sense espines i trossejats i coeu-ho a foc lent 10-15 minuts més.
- Serviu els peixos amb les verdures i una part del brou colat.
- Acompanyeu-ho amb els crostons i l'arròs blanc bullit.

Idees

- Per simplificar l'elaboració del plat, hi ha alguns recursos que ens faciliten la tasca. Podem comprar les verdures de quarta generació, ja netes i preparades per cuinar directament, o bé congelades. El peix ja congelat també pot simplificar la tasca, ja que està net i sense espines. El valor nutricional és el mateix. Si la qualitat organolèptica del peix congelat no és del vostre gust, podeu demanar que us el preparin a la peixateria en comprar-lo.

• Encara que és una sopa, la posem com a segon plat pel seu contingut nutricional.

• Pot ser també un plat únic, sobretot per a gent gran i nens, amb necessitats nutritives personalitzades.

Què ens aporta?

• L'aportació principal són hidrats de carboni, per l'arròs i els crostons.

• També ens aporta proteïnes d'alta qualitat, pel peix.

Composició nutricional per ració

Energia: 388,9 kcal
Hidrats de carboni: 41,7 g
Proteïnes: 25,6 g
Lípids: 9,15 g
Àcids grassos saturats: 0,73 g
Àcids grassos monoinsaturats: 4,6 g
Àcids grassos poliinsaturats: 0,5 g

Pollastre amb llimona

Ingredients

2 quarts de pollastre d'uns 150 g cadascun
1 llimona
1/2 got de vi blanc
1 got de brou de pollastre o verdures
Pebre vermell dolç
Sal
1 cullerada oli d'oliva

Com fer-ho?

• En una safata de forn, poseu-hi el pollastre i ruixeu-lo amb l'oli.

• Salpebreu-lo amb la sal i el pebre vermell dolç.

• Afegiu-hi el suc de la llimona, el vi blanc i el brou.

• Poseu-lo al forn preescalfat a 180 °C.

• Coeu-lo durant 3/4 d'hora - 1 hora fins que el pollastre estigui daurat per fora i tendre per dins.

Idees

• Podeu acompanyar-lo de patates al forn, verdures o bolets.

• El suc de llimona li dóna un punt una mica àcid. Si no és del gust del consumidor, es pot obviar o substituir-lo per una mica de mel.

Què ens aporta?

• És un plat poc calòric i lleuger que aporta sobretot proteïna animal amb poc greix.

Composició nutricional per ració

Energia: 256 kcal
Hidrats de carboni: 11 g
Proteïnes: 20,8 g
Lípids: 9,5 g
Àcids grassos saturats: 4,35 g
Àcids grassos monoinsaturats: 8,55 g
Àcids grassos poliinsaturats: 2,7 g

10. ENTREPANS SALUDABLES

Receptes d'entrepans diferents, originals i nutricionalment adequats per quan hem de menjar d'entrepà.

Vegetal amb formatge

Ingredients

200 g de pa integral de barra
200 g de formatge de cabra de pasta tova (o similar)
8 raves
2 cogombres
Anet

Com fer-ho?

- Partiu el pa en dos i obriu-lo per la meitat.
- Unteu les llesques amb el formatge de pasta tova.
- Renteu els raves i els cogombres i talleu-los a làmines fines.
- Col·loqueu sobre una llesca de pa un pis de raves i un pis de cogombre.
- Espolseu-hi anet o julivert per sobre (opcional).
- Tanqueu l'entrepà amb l'altra llesca.

Idees

- Per fer l'entrepà més lleuger, podeu utilitzar un formatge menys gras, tipus formatge de Burgos o Philadelphia *light*.
- Afegint-hi uns talls de codonyat donem un toc especial a l'entrepà i n'augmentem el contingut en hidrats de carboni, sobretot d'absorció ràpida, per si necessitem un plus d'energia immediata.

Què ens aporta?

- El formatge aporta proteïnes i calci, fonamental per al manteniment de la massa òssia.
- El cogombre i els raves són font de fibra, vitamines i minerals.
- El pa integral és ric en hidrats de carboni complexos i fibra, la qual cosa ens proporciona energia i sensació de sacietat.

Composició nutricional per ració

Energia: 456,5 kcal
Hidrats de carboni: 48,7 g
Proteïnes: 21,1 g
Lípids: 19,65 g
    Àcids grassos saturats: 11,65 g
    Àcids grassos monoinsaturats: 4,96 g
    Àcids grassos poliinsaturats: 1,43 g

PA *BAGNAT*

Ingredients

2 brioixos rodons de pa (de 50 g cada un aproximadament)
1 gra d'all
2 tomàquets
1 ceba petita
150 g d'anxoves
50 g d'olives negres sense pinyol
Un pebrot vermell o groc en conserva
10 g d'oli d'oliva verge (1 cullerada)

Com fer-ho?

- Talleu el panet per la meitat i fregueu-lo amb el gra d'all.
- Poseu-hi oli d'oliva verge.
- Poseu, sobre la llesca de sota, rodanxes de tomàquet i ceba, filets d'anxova, tires de pebrot i olives negres a rodanxes.
- Tapeu-ho amb l'altra meitat del panet.

Idees

- Per fer l'entrepà més digestiu, podeu coure la ceba i el tomàquet abans (per exemple, escalivats).

Què ens aporta?

• Hidrats de carboni complexos pel pa.

• Vitamines i minerals per les verdures: tomàquet, pebrot, ceba.

• Proteïna animal en forma d'anxoves. Les anxoves són un tipus de peix blau ric en greixos insaturats, és a dir, cardiosaludables. Les olives també són una font important d'aquest tipus de greixos.

• A més, les anxoves són riques en sodi, important en l'equilibri hidroelectrolític del corredor.

Composició nutricional per ració

Energia: 387,5 kcal
Hidrats de carboni: 38 g
Proteïnes: 28,2 g
Lípids: 22,25 g
Àcids grassos saturats: 5,41 g
Àcids grassos monoinsaturats: 7,26 g
Àcids grassos poliinsaturats: 9,39 g

PITA DE GUACAMOLE

Ingredients

2 pans de pita
2 alvocats
1/2 llimona
1 ceba
4 fulles d'enciam
1 pebrot vermell
Pebre, coriandre i oli d'oliva

Com fer-ho?

• Prepareu una pasta de guacamole amb l'alvocat triturat, l'oli d'oliva, la sal i el pebre negre.

• Obriu el pa de pita i cobriu-lo amb la pasta de guacamole.

• Afegiu-hi rodanxes fines de pebrot vermell, tomàquet, enciam i ceba.

• Adorneu-ho amb unes fulles de coriandre.

Idees

- El pa de pita és una excel·lent base d'entrepà, ja que presenta múltiples variables de farciment: si volem fer-lo més lleuger, podem omplir-lo de pollastre, enciam i salsa de iogurt desnatat, si volem augmentar-ne el contingut glucídic per fer-lo més energètic, podem afegir-hi rodanxes fines de moniato cuit, blat de moro dolç en gra o hummus.
- El contingut proteic de l'entrepà pot augmentar afegint-hi un aliment del grup de les carns i els peixos: tires de pollastre a la planxa, embotit de gall dindi o carn de vedella són algunes opcions.

Què ens aporta?

- El pa de pita té com a component principal la farina de blat, per la qual cosa aporta sobretot hidrats de carboni, combustible essencial.
- Ens aporta quantitats importants de greixos monoinsaturats, ja que l'alvocat és una fruita greixosa amb contingut elevat en àcid oleic, així com vitamina E, amb poder antioxidant.
- Les vitamines i els minerals hidrosolubles ens els aporten les verdures: pebrot, enciam i ceba.

Composició nutricional per ració

Energia: 492 kcal
Hidrats de carboni: 65,1 g
Proteïnes: 15 g
Lípids: 39 g
    Àcids grassos saturats: 6,75 g
    Àcids grassos monoinsaturats: 17,4 g
    Àcids grassos poliinsaturats: 7,3 g

Sandvitx de tonyina amb tàperes

Ingredients

4 llesques de pa de motlle
1 llauna de tonyina en conserva al natural
2 cullerades de postres de tàperes
1/2 cogombre
75 g de *mozzarella*

1 culleradeta de suc de llimona
Pela de llimona ratllada (ben neta)
Sal, pebre blanc, pebre vermell
Unes fulles de melissa

Com fer-ho?

• Escorreu bé la tonyina i desfeu-la amb una forquilla.

• Afegiu-hi les tàperes, la pela de llimona ratllada, el suc de llimona, sal, pebre i pebre vermell.

• Peleu el cogombre i talleu-lo a rodanxes.

• Escalfeu el forn a 220 °C.

• Torreu les llesques de pa amb una mica d'oli d'oliva.

• Poseu la barreja de tonyina i la *mozzarella* damunt les rodanxes de cogombre.

• Tapeu-ho i coeu-ho al forn fins que la *mozzarella* es fongui.

• Podeu afegir-hi unes fulles de melissa un cop retirat del forn.

Idees

• Si el gust de les tàperes no us convenç, podeu substituir-les per cogombrets en vinagre, molt saborosos.

• Si voleu fer-ho més lleuger, podeu substituir la *mozzarella* per algun formatge baix en greixos o *light*.

Què ens aporta?

• La tonyina és un peix blau molt ric en àcids grassos omega-3, amb un paper important en la prevenció de l'aterosclerosi i les malalties cardiovasculars. També és font de proteïnes d'alt valor biològic, superior fins i tot al de les carns.

• La *mozzarella* és un formatge d'origen italià elaborat amb llet de búfala. La seva aportació en calci és important, així com el seu contingut en proteïnes animals i greix saturat.

• El paper energètic va a càrrec del contingut glucídic del pa.

Composició nutricional per ració

Energia: 462,8 kcal
Hidrats de carboni: 46,8 g
Proteïnes: 39,4 g
Lípids: 11,3 g

Àcids grassos saturats: 5,04 g
Àcids grassos monoinsaturats: 2,85 g
Àcids grassos poliinsaturats: 1,56 g

Barreta de comí amb sardines

Ingredients

2 barretes de pa de comí
1 pebrot vermell petit
1 llauna de sardines en oli d'oliva (sense espines ni pell)
2 talls de formatge gouda semicurat (60 g)
Pebre vermell, sal, caiena
1 culleradeta de mantega d'herbes (producte preparat)

Com fer-ho?

- Unteu les dues meitats de les barretes amb la mantega d'herbes.
- Talleu el pebrot a tires fines.
- Escorreu bé les sardines i col·loqueu-les sobre una meitat de la barreta, alternant amb tires de pebrot.
- Assaoneu-ho amb sal i pebre vermell.
- Escalfeu el forn a 220 °C.
- Poseu el formatge damunt les sardines i el pebrot.
- Gratineu les barretes al forn uns 12 minuts.
- Traieu-les del forn i espolseu-hi pebre vermell per sobre.
- Tanqueu les barretes.

Què ens aporta?

- La sardina és un peix blau o gras (gairebé un 10% de greix) i és molt bona font d'omega-3, que ajuda a disminuir els nivells de colesterol i de triglicèrids i també augmenta la fluïdesa de la sang, la qual cosa disminueix el risc d'aterosclerosi i trombosi. El seu contingut proteic també és elevat.
- El formatge gouda és un formatge curat, molt ric en calci, greixos animals i contingut proteic considerable.
- Com en la majoria de receptes d'aquest capítol, el pa és la font energètica glucídica.

Composició nutricional per ració

Energia: 518,3 kcal
Hidrats de carboni: 49,3 g
Proteïnes: 27 g
Lípids: 23,5 g
Àcids grassos saturats: 9,25 g
Àcids grassos monoinsaturats: 7,77 g
Àcids grassos poliinsaturats: 4,12 g

Sandvitx de bròquil amb ou

Ingredients

4 llesques de pa de pagès
150 g de bròquil (fresc o congelat)
1 ou
80 g de gorgonzola cremós
2 culleradetes de tomàquet triturat
2 culleradetes de pipes de gira-sol pelades
Una mica de suc de llimona
Pebre negre, nou moscada, marduix, suc de llimona

Com fer-ho?

• Bulliu el bròquil amb aigua abundant durant 3 minuts, retireu-lo i esbandiu-lo amb aigua freda.

• Torreu les llesques de pa.

• Barregeu el rovell de l'ou amb el gorgonzola cremós. Assaoneu-ho amb sal, pebre, nou moscada, marduix i suc de llimona.

• Bateu la clara a punt de neu i incorporeu-la a la massa de formatge.

• Unteu les torrades amb el tomàquet triturat i amaniu-ho amb sal i oli d'oliva.

• Distribuïu-hi per sobre el bròquil i cobriu-ho amb la barreja de formatge.

• Tireu-hi les pipes de gira-sol per sobre.

• Tapeu-ho amb l'altra llesca.

• Escalfeu el forn a 220 °C.

• Poseu-ho al forn uns 10 minuts.

Idees

- Podem fer altres varietats amb aquesta mateixa base, com espinacs amb pinyons i formatge emmental o carbassó amb nous i formatge rocafort.

Què ens aporta?

- El formatge és font de vitamina B5, calci, greixos animals i proteïnes.
- El bròquil ha estat qualificat com l'hortalissa de més valor nutritiu per unitat de pes de producte comestible. El component majoritari d'aquesta verdura és l'aigua, per la qual cosa el seu valor calòric és molt baix. Com la resta de les crucíferes, el bròquil té una gran importància des del punt de vista nutricional, per la seva varietat i quantitat vitamínica. És una font excel·lent de vitamina C, àcid fòlic i niacina, i una bona font de provitamina A (betacarotè) i vitamines B1 i E.
- Les pipes són fruita seca rica en greixos insaturats i amb una aportació de proteïnes vegetals gens menyspreable. De la composició grassa de les pipes, en destaca la seva riquesa en àcid gamma-linolènic, un nutrient essencial que l'organisme és incapaç de fabricar. El seu contingut calòric és important.
- Els hidrats de carboni tenen com a font principal el pa.

Composició nutricional per ració

Energia: 568 kcal
Hidrats de carboni: 58,83 g
Proteïnes: 28,39 g
Lípids: 24,2 g
  Àcids grassos saturats: 14,65 g
  Àcids grassos monoinsaturats: 4 g
  Àcids grassos poliinsaturats: 5,63 g

Rotlle de salmó

Ingredients

2 *tortillas* de blat
2 cullerades d'hummus (20 g)
50 g de canonges
20 g de cogombrets en vinagre
200 g de salmó fumat

Com fer-ho?

- Unteu la *tortilla* amb l'hummus i feu-hi una bona capa.
- Col·loqueu-hi els talls de salmó a sobre.
- Al centre de la *fajita*, poseu-hi els cogombrets en vinagre tallats a rodanxes i els canonges.
- Emboliqueu la *fajita* sobre si mateixa.

Què ens aporta?

- És un entrepà lleuger, ja que la *tortilla* de blat és poc energètica i poc pesada.
- L'aportació d'hidrats de carboni està proporcionada per la *tortilla* i per l'hummus, un puré de cigrons.
- El salmó és un peix blau ric en greixos insaturats tipus omega-3, molt cardiosaludables. A més, també aporta proteïnes d'alta qualitat.
- Els cogombrets i els canonges són verdures amb alt contingut en aigua i vitamines hidrosolubles.

Composició nutricional per ració

Energia: 242,5 kcal
Hidrats de carboni: 15,07 g
Proteïnes: 26,76 g
Lípids: 8,56 g
 Àcids grassos saturats: 1,48 g
 Àcids grassos monoinsaturats: 2,91 g
 Àcids grassos poliinsaturats: 2,67 g

Rotlle de surimi

Ingredients

2 *tortillas* de blat de moro
2 cullerades de guacamole (20 g)
50 g de ruca
50 g de blat de moro dolç en gra
150 g de surimi

Com fer-ho?

- Talleu el surimi a làmines fines o a la juliana.
- Barregeu-lo amb el guacamole i el blat de moro dolç.
- Poseu un gruix d'aquesta pasta al centre de la *fajita*.

- Afegiu-hi la meitat de la ruca.
- Tanqueu la *fajita* embolicant-la sobre si mateixa.

Què ens aporta?

- *Surimi* és un terme japonès que significa 'múscul de peix picat'. És un extracte de proteïnes de carn de peix. Igual que el peix, es considera una bona font de proteïnes d'alt valor biològic. La quantitat de greix és, en principi, baixa. A vegades s'hi afegeixen sucres com a substàncies crioprotectores i midons per aconseguir la textura adequada.
- El guacamole està elaborat principalment amb alvocat, ric en àcid oleic i vitamina E.
- El blat de moro en gra i la *tortilla* de blat de moro aporten hidrats de carboni a la recepta.

Composició nutricional per ració

Energia: 196,6 kcal
Hidrats de carboni: 24,72 g
Proteïnes: 17,58 g
Lípids: 1,85 g
  Àcids grassos saturats: 0,3 g
  Àcids grassos monoinsaturats: 1,05 g
  Àcids grassos poliinsaturats: 0,48 g

Baguet de pollastre

Ingredients

200 g de baguet
1 cullerada de mostassa de Dijon
100 g de pebrot escalivat
200 g de filet de pit de pollastre
1 cullerada d'oli d'oliva

Com fer-ho?

- Talleu la baguet en dos trossos iguals i per la meitat.
- Feu els pits de pollastre a la planxa amb una mica d'oli d'oliva.
- Unteu les dues meitats de la baguet amb mostassa per la cara interior.
- Poseu-hi els filets de pollastre a sobre.

- Afegiu-hi un pis de pebrot vermell escalivat tallat a tires.
- Tanqueu l'entrepà amb l'altra meitat untada de mostassa.

Idees

- Ideal per aprofitar restes de pollastre rostit o pollastre del brou.
- La mostassa es pot substituir per salsa de pebrot caramel·litzat.

Què ens aporta?

- Energia en forma d'hidrats de carboni pel pa.
- Proteïnes d'alt valor biològic sense gaire greix pel pollastre.
- Vitamines i antioxidants pel pebrot.

Composició nutricional per ració

Energia: 446 kcal
Hidrats de carboni: 61,4 g
Proteïnes: 33,2 g
Lípids: 14,15 g
  Àcids grassos saturats: 2,16 g
  Àcids grassos monoinsaturats: 4,10 g
  Àcids grassos poliinsaturats: 6,35 g

Xapata de gall dindi

Ingredients

2 pans de xapata d'uns 100 g cadascun
2 cullerades de formatge cremós
50 g d'espàrrecs de marge
50 g de cirerols
200 g de pit de gall dindi filetejat
1 cullerada d'oli d'oliva

Com fer-ho?

- Obriu les xapates per la meitat i unteu-ne les parts interiors amb formatge cremós.
- Coeu els espàrrecs ja nets a la planxa o al microones amb sal i una mica d'oli d'oliva.
- Talleu els cirerols per la meitat.
- Coeu els filets de gall dindi a la planxa.

• Munteu l'entrepà: una capa de gall dindi, una capa d'espàrrecs i una capa de cirerols.

• Tanqueu-ho amb l'altra meitat de la xapata untada de formatge.

Idees

• Podem inventar mil variacions canviant el tipus de pa, la font de proteïnes (truita, pernil magre, llom de porc, etc.) i les verdures (enciam, albergínia, làmines de carxofa, xampinyons, etc.).

Què ens aporta?

• Hidrats de carboni complexos pel pa de xapata.

• El gall dindi és una font de proteïnes d'alt valor biològic i, en ser una carn magra, aporta poc greix.

• Com a representants del grup de les verdures, tenim els espàrrecs (cuits) i el tomàquet (cru).

• El formatge és ric en calci en ser un derivat lacti.

Composició nutricional per ració

Energia: 461,25 kcal
Hidrats de carboni: 48,45 g
Proteïnes: 39,91 g
Lípids: 11,9 g
  Àcids grassos saturats: 3,29 g
  Àcids grassos monoinsaturats: 2,02 g
  Àcids grassos poliinsaturats: 5,97 g

Sandvitx de rosbif

Ingredients

200 g de pa de blat i sègol
200 g de rosbif tallat a filets fins
50 g de compota de poma
1/2 carbassó

Com fer-ho?

• Coeu el carbassó a tires o a rodanxes a la planxa o al microones.

• Unteu les llesques de compota de poma per una cara.

• Poseu-hi els filets de rosbif i una capa de carbassó a sobre.

• Tapeu-ho amb l'altra llesca untada amb compota.

Idees

- Podeu canviar la compota de poma per melmelada de nabius o fruites del bosc.
- El carbassó es pot substituir per làmines de ceba escalivada o xampinyons laminats.

Què ens aporta?

- Com en la majoria d'entrepans, l'aportació d'hidrats de carboni complexos pel pa, en aquest cas de blat i sègol, és important.
- La carn de vedella rostida (el rosbif) ens proporciona una bona dosi de proteïnes animals d'alt valor biològic i és rica en ferro.
- Les verdures estan representades pel carbassó.
- La compota de poma és una font de sucres ràpids, que pot ser un plus, per exemple, després d'una cursa, per omplir els dipòsits de glucogen, amb el pa.

Composició nutricional per ració

Energia: 435 kcal
Hidrats de carboni: 60 g
Proteïnes: 36,1 g
Lípids: 5,75 g
- Àcids grassos saturats: 1,95 g
- Àcids grassos monoinsaturats: 2,11 g
- Àcids grassos poliinsaturats: 1,13 g

11. ÀPATS "ESPECIALS"

Receptes una mica més elaborades pensades per a àpats puntuals en què celebrem algun esdeveniment o tenim ganes d'obsequiar la parella. Com compaginar salut i plaer al plat.

Lasanya d'espinacs i mató

Ingredients

6 làmines de pasta per a lasanya
100 g d'espinacs
100 g de mató
1 ou
10 g de panses
2 cullerades de formatge *gruyère* ratllat (20 g)
200 g de salsa beixamel
Sal i pebre

Com fer-ho?

- Bateu l'ou i salpebreu-lo. Afegiu-hi el formatge ratllat i les panses.
- Coeu els espinacs amb abundant aigua amb sal o al microones.
- Bulliu les làmines de pasta amb aigua seguint les instruccions de l'envàs. Reserveu-les sobre un drap de cuina.
- Barregeu l'ou, els espinacs cuits i el mató i treballeu la barreja amb una espàtula.
- En una safata apta per al forn, col·loqueu-hi pisos de làmines de pasta i de barreja d'espinacs i mató, alternant-les.
- Afegiu-hi la salsa beixamel i una mica de formatge ratllat i gratineu-ho.

Idees

• Per alleugerir el plat i reduir la seva aportació de greix, podeu fer la salsa beixamel amb llet desnatada o substituir-la per salsa de tomàquet natural.

Què ens aporta?

• Hidrats de carboni per la pasta i la beixamel, i també per les panses.

• Proteïnes làcties i calci pel formatge *gruyère*, el mató i la beixamel. L'ou aporta un plus de proteïnes de bona qualitat.

• Minerals i vitamines pels espinacs.

Composició nutricional per ració

Energia: 615 kcal
Hidrats de carboni: 77 g
Proteïnes: 31,7 g
Lípids: 19,2 g
    Àcids grassos saturats: 7,4 g
    Àcids grassos monoinsaturats: 4,6 g
    Àcids grassos poliinsaturats: 1,2 g

CARPACCIO DE SALMÓ AMB GUARNICIÓ

Ingredients

200 g de salmó fresc
100 g de créixens
1 carxofa
1/2 llimona
1 cullerada sopera d'oli d'oliva verge
1/2 all
Sal
Pebre
30 g de formatge Idiazábal
200 g de cintes de pasta d'espinacs

Com fer-ho?

• El dia abans, prepareu l'oli amb els alls sencers pelats i el pebre i deixeu-ho macerar.

• Emboliqueu el salmó amb film transparent i deixeu-lo al congelador unes hores.

• En un bol, deixeu marinar la carxofa tallada a làmines amb el suc de la llimona i una mica d'oli unes dues hores.

• Bulliu la pasta amb aigua abundant fins que estigui *al dente* i reserveu-la.

• Traieu el salmó del congelador i talleu-lo a làmines molt fines.

• Amaniu les làmines de salmó amb l'oli d'all i una mica de sal grossa.

• Barregeu les carxofes amb les fulles de créixens i amaniu-ho amb oli, sal i pebre.

• Presenteu les làmines de salmó col·locades al plat, les cintes de pasta, les carxofes i els créixens al centre i unes làmines de formatge Idiazábal a sobre.

Idees

• Podeu elaborar el mateix plat amb altres peixos: *carpaccio* de bacallà fumat, de llagostins o de tonyina.

Què ens aporta?

• El formatge Idiazábal és especialment ric en calci i vitamina A.

• El salmó és un peix gras molt ric en àcids grassos insaturats cardiosaludables.

• Les carxofes i els créixens aporten verdures a la recepta.

• La pasta contribueix amb una aportació d'hidrats de carboni molt interessant per al corredor.

Composició nutricional per ració

Energia: 642,4 kcal
Hidrats de carboni: 84 g
Proteïnes: 34,6 g
Lípids: 20,2 g
Àcids grassos saturats: 7,56 g
Àcids grassos monoinsaturats: 12,9 g
Àcids grassos poliinsaturats: 4,85 g

Escamarlans al forn amb xerès

Ingredients

6 escamarlans
1/2 cullerada sopera d'all i julivert triturat amb 1 cullerada d'oli d'oliva
Un gotet de xerès
Sal i pebre negre
200 g de mongetes seques en conserva

Com fer-ho?

- Obriu els escamarlans i poseu-los en una safata per a forn.
- Ruixeu-los amb l'all i julivert en oli i el xerès i salpebreu-los.
- Coeu-los al forn a 250 °C durant 2 minuts.
- Serviu els escamarlans amb les mongetes seques com a acompanyament. Regueu-ho amb la salsa resultant.

Idees

- És un plat molt saborós i lleuger.
- Per fer-ne alguna variant, podeu jugar amb la fècula d'acompanyament: arròs salvatge, pasta de colors, puré de patata, etc.

Què ens aporta?

- Les mongetes seques són llegums: la seva aportació principal són hidrats de carboni d'absorció lenta, amb paper eminentment energètic, però també contenen una quantitat considerable de proteïnes d'origen vegetal.
- Els escamarlans aporten sobretot proteïnes d'alt valor biològic.

Composició nutricional per ració

Energia: 525 kcal
Hidrats de carboni: 67 g
Proteïnes: 34,1 g
Lípids: 11,5 g
- Àcids grassos saturats: 1,4 g
- Àcids grassos monoinsaturats: 7,2 g
- Àcids grassos poliinsaturats: 0,9 g

Amanida de popets i faves

Ingredients

250 g de fulles d'enciams variats
300 g de popets
150 g de faves tendres cuites
1 patata no gaire grossa (100 g)
1 gra d'all
Julivert
1 cullerada d'oli d'oliva
1/4 de copa de conyac

Com fer-ho?

- Salteu els popets nets en una paella amb oli d'oliva.
- Afegiu-hi les faves cuites i una mica d'all picat.
- Flamegeu-ho amb el conyac.
- Coeu la patata amb pell en aigua bullint o al microones.
- Un cop cuita, peleu-la i talleu-la a rodanxes.
- Munteu el plat amb la rodanxa de patata cuita a la base, la barreja de faves i popets a sobre i l'amanida d'enciams variats al voltant.
- Amaniu-ho amb una picada d'all, julivert i oli d'oliva.

Idees

- És un plat molt apetitós, equilibrat i lleuger.
- Podeu muntar-lo sobre patates petites, torrades o cassoletes i fer *montaditos* per picar.

Què ens aporta?

- Les faves són riques en hidrats de carboni, proteïnes vegetals, àcid fòlic, vitamines A i C i minerals com el ferro, el magnesi, el potassi i el zinc.
- La patata afegeix un plus d'hidrats de carboni al plat.
- Els popets ens aporten proteïnes d'alt valor amb poca aportació de greix.
- L'amanida és rica en vitamines hidrosolubles i fibra.

Composició nutricional per ració

Energia: 263,8 kcal
Hidrats de carboni: 20,6 g

Proteïnes: 22,1 g
Lípids: 6,95 g
    Àcids grassos saturats: 1,2 g
    Àcids grassos monoinsaturats: 3,7 g
    Àcids grassos poliinsaturats: 1,15 g

Musclos de roca borratxos

Ingredients

300 g de musclos
3 grans d'all
1 fulla de llorer
1 got de vi blanc olorós
1 cullerada d'oli d'oliva

Com fer-ho?

- Escalfeu l'oli i fregiu els alls laminats amb el llorer fins que quedin daurats.
- Afegiu-hi els musclos i salteu-los durant mig minut.
- Afegiu-hi el vi i deixeu-ho bullir uns 2 minuts.

Idees

- És un plat molt poc calòric, fàcil de fer i saborós, apte fins i tot com a aperitiu.
- Les patates fregides són un bon acompanyament per a aquest plat; de fet, musclos amb patates fregides és un plat típic de la costa del sud de França.
- Si no voleu fer-ho tan calòric, podeu coure les patates al forn amb pell, obrir-les per la meitat un cop cuites i amanir-les amb una mica d'oli i julivert picat.

Què ens aporta?

- Els musclos contenen notables quantitats de seleni, un mineral d'alt poder antioxidant. També són rics en ferro i iode. Destaca la seva elevada aportació de proteïnes d'alt valor biològic, amb molt poc greix i, per tant, un escàs contingut energètic.
- Aquest plat és eminentment proteic i l'hem de complementar amb hidrats de carboni i verdura perquè sigui un àpat equilibrat.

Composició nutricional per ració

Energia: 223 kcal
Hidrats de carboni: 5,3 g
Proteïnes: 18 g
Lípids: 7,5 g
   Àcids grassos saturats: 1,1 g
   Àcids grassos monoinsaturats: 3,7 g
   Àcids grassos poliinsaturats: 4,9 g

PATATES FARCIDES DE *MOUSSE* DE FORMATGE AMB OUS DE BACALLÀ

Ingredients

2 patates grans o 4 mitjanes
100 g de formatge blanc desnatat
100 g d'ous de bacallà fumats
1 gra d'all pelat
1 llimona
1 cc de pebre dolç
1 cc de *paprika* forta

Com fer-ho?

- Bulliu les patates amb pell.
- Peleu-les, partiu-les per la meitat i buideu-les una mica amb l'ajuda d'una cullereta.
- Escorreu el formatge en un colador durant aproximadament 1 hora.
- Retireu la fina pell que cobreix els ous de bacallà i talleu-los a rodanxes.
- Barregeu amb una batedora el formatge, els ous, l'all (o una escalunya en el seu lloc), la pell de la llimona i 1 cullerada de suc de llimona.
- Afegiu-hi els dos pebres.
- Deixeu-ho refredar a la nevera 1 hora.
- Ompliu les patates amb la barreja.

Idees

- Podeu gratinar-les abans de servir-les.

• Són un entrant ideal i poden servir també com a aperitiu o acompanyament d'algun plat.

• Podeu substituir els ous de bacallà per altres ous de peix.

Què ens aporta?

• La patata és una font d'hidrats de carboni complexos. En bullir-la amb pell, mantenim al màxim el seu contingut vitamínic i no augmentem el seu contingut calòric.

• El formatge ens aporta proteïna làctica i calci.

• Els ous de bacallà ens aporten sobretot proteïnes d'origen animal i el seu contingut en vitamines E i B12 també és considerable.

Composició nutricional per ració

Energia: 321 kcal
Hidrats de carboni: 39,6 g
Proteïnes: 33,2 g
Lípids: 2,8 g

Arròs negre

Ingredients

200 g d'arròs
200 g de sípia
50 g de tomàquet madur
1/2 ceba
1 gra d'all
10 g de pinyons
1 l de brou de peix
1 cullerada d'oli d'oliva

Com fer-ho?

• Netegeu la sípia, trossegeu-la i reserveu-ne la tinta.

• En una cassola de fang, sofregiu la ceba picada amb l'oli d'oliva.

• Quan sigui daurada, afegiu-hi la sípia, els pinyons, els alls picats i el tomàquet triturat i salpebreu-ho.

• Afegiu-hi l'arròs i sofregiu-ho tot.

• Afegiu-hi el brou calent.

• Al cap d'uns minuts, afegiu-hi la tinta diluïda en una mica de brou.

• Coeu-ho a foc suau uns 20 minuts.

Idees

• L'arròs és un aliment de fàcil digestió. Aquest plat, complementat amb una amanida o un gaspatxo i fruita, pot constituir un àpat complet.

• Ideal per omplir els dipòsits de glucogen de tota la família.

Què ens aporta?

• L'arròs és un aliment bàsicament energètic, ja que està compost principalment per midó, un hidrat de carboni d'absorció lenta. A més, és baix en greix.

• En complementar-lo amb peix (sípia), les seves proteïnes, pobres en lisina, es complementen i n'augmenta el valor nutritiu.

Composició nutricional per ració

Energia: 525 kcal
Hidrats de carboni: 87 g
Proteïnes: 2,85 g
Lípids: 11,1 g
    Àcids grassos saturats: 1,45 g
    Àcids grassos monoinsaturats: 3,9 g
    Àcids grassos poliinsaturats: 7 g

PATATES AMB LLAGOSTA "DE POBRE"

Ingredients

300 g de cua de rap sencera
2 cullerades d'oli d'oliva
Pebre vermell dolç no picant
Sal
300 g de patates petites

Com fer-ho?

• En comprar el rap, heu de demanar al peixater que separi els dos lloms sencers de l'espina i que els lligui (com si fos un rodó).

• Saleu els lloms, unteu-los amb oli d'oliva i recobriu-los totalment de pebre vermell.

• Escalfeu el forn a 180 °C.

• Cuineu el rap en una safata de forn amb una mica d'oli d'oliva durant 5 minuts. Gireu el llom i feu-lo 5 minuts més. Comproveu que està cuit punxant-lo amb un escuradents. Si surt mullat, deixeu-lo un minut més.

• Poseu les patates netes amb pell en una altra safata al forn alhora que el rap. Necessitaran una mica més de temps de cocció. Per saber si estan cuites, també va bé punxar-les.

• Un cop tot fred, deslligueu els lloms i talleu-los a rodanxes d'1 o 2 centímetres de gruix.

• Peleu les patates i deixeu-les senceres per acompanyar les rodanxes de rap.

Idees

• És un plat original, molt ric i poc calòric. Pot constituir un plat únic (si el complementeu amb unes verdures o uns bolets d'acompanyament) o un segon plat.

• El podeu servir acompanyat d'una maionesa feta amb el suc de cocció del rap. N'augmenta el valor calòric, però queda molt saborós.

• Si les patates són més grosses, les podeu tallar a rodanxes i emplatar-ho alternant una rodanxa de rap i una de patata.

Què ens aporta?

• Les patates aporten al plat hidrats de carboni complexos.

• El rap contribueix aportant proteïnes d'alt valor biològic sense gaire aportació de greix.

Composició nutricional per ració

Energia: 348 kcal
Hidrats de carboni: 28,5 g
Proteïnes: 28,5 g
Lípids: 13,1 g
Àcids grassos saturats: 1,7 g
Àcids grassos monoinsaturats: 7,3 g
Àcids grassos poliinsaturats: 9,8 g

Cuscús amb trompetes de la mort

Ingredients

110 ml d'aigua
160 g de cuscús
50 g de trompetes de la mort
1/2 ceba picada
1 cullerada d'oli d'oliva
100 ml de nata
Julivert picat

Com fer-ho?

- Porteu l'aigua a ebullició i tireu-la sobre el cuscús. Deixeu-ho reposar de 5 a 7 minuts fins que l'absorbeixi completament.
- Deixeu els bolets en remull una estona i escorreu-los.
- Sofregiu la ceba picada en l'oli d'oliva.
- Afegiu-hi els bolets i salteu-los uns minuts.
- Afegiu-hi la nata i, seguidament, el cuscús.
- Decoreu-ho amb julivert picat.

Idees

- Les trompetes de la mort són uns bolets molt saborosos i ideals per dessecar-los, per la qual cosa els podem trobar durant tot l'any i poden formar part del nostre rebost bàsic.
- Podeu elaborar aquesta mateixa recepta amb arròs o pasta en lloc de cuscús.
- Es pot utilitzar com a primer plat o com a acompanyament original d'una carn o un peix.

Què ens aporta?

- El cuscús s'elabora amb sèmola de blat dur, per la qual cosa la seva aportació principal és d'hidrats de carboni complexos, que ens donen energia i vitalitat. A més, la seva aportació en vitamines del grup B, magnesi i fòsfor és considerable, i també de fibra.
- Els bolets es consideren verdura: la seva aportació principal són fibra i vitamines hidrosolubles.

Composició nutricional per ració

Energia: 413 kcal
Hidrats de carboni: 75,5 g
Proteïnes: 13,6 g
Lípids: 20,73 g
Àcids grassos saturats: 0,49 g
Àcids grassos monoinsaturats: 4,87 g
Àcids grassos poliinsaturats: 12,3 g

Sushi

Ingredients

500 g d'arròs per a *sushi*
125 cc de vinagre d'arròs
2,5 cullerades soperes de sucre
2,5 culleradetes de postres de sal
2 fulles d'alga nori
3 ous
100 g de salmó rosat
1/2 alvocat
100 g de llom de tonyina fresca

Com fer-ho?

1. Prepareu l'arròs per a *sushi*

• Renteu l'arròs fregant-lo suaument per desemmidonar-lo. Canvieu l'aigua 7 o 8 vegades sense fregar-lo, per no trencar el gra.

• Afegiu mig litre d'aigua a l'arròs i poseu-lo a foc màxim, tapat, durant 10 minuts. Després abaixeu el foc i coeu-lo 11 minuts més a foc mínim. Apagueu el foc i deixeu-lo reposar 15 minuts abans de destapar l'olla.

• Prepareu una barreja amb 125 cc de vinagre d'arròs, 2,5 cullerades de sucre i 2,5 culleradetes de sal. Aboqueu el guarniment lentament per tot l'arròs, barrejant-ho amb una espàtula.

• Refredeu l'arròs amb un ventall o un ventilador, movent-lo.

• Deixeu-lo reposar durant una hora cobrint el bol amb un drap humit.

2. Prepareu el farcit

• Feu una truita amb els 3 ous i una mica de sucre. Talleu-la a tires d'1 cm aproximadament.

- Talleu el salmó i la tonyina també a tires d'1 cm.
- Peleu l'alvocat i talleu-lo a tires.

3. Elaboreu el *sushi*

- Col·loqueu la fulla d'alga nori a sobre d'una estoreta de *sushi.*
- Feu una capa d'arròs sobre l'alga i deixeu 1 cm a l'extrem distal (per unir el rotlle després d'humitejar aquesta part de l'alga quan ja estigui fet).
- Al centre, col·loqueu-hi les tires de salmó, tonyina o truita juntament amb l'alvocat.
- Enrotlleu-lo amb ajuda de l'estoreta i enganxeu la vora lliure.
- Talleu cada rotlle a trossos d'uns 2 cm.
- Serviu-lo acompanyat de salsa de soja, *wasabi* (pasta de rave picant per a *sushi*) i escates de gingebre.

Idees

- Plat lleuger i deliciós. Ideal per a sopars especials o en parella.
- L'arròs es pot elaborar amb antelació per facilitar-ne el procés.
- Podeu fer els rotlles i congelar-los. Queden molt bé i són un bon "fons de congelador" per a àpats inesperats.
- Podeu variar el farcit al vostre gust, deixeu volar la imaginació: surimi, pit de pollastre arrebossat, formatge cremós, fruita, etc.

Què ens aporta?

- Hidrats de carboni d'absorció lenta, procedents de l'arròs.
- Proteïnes d'alt valor biològic, per l'ou, la tonyina i el salmó.
- Àcids grassos monoinsaturats vegetals, procedents de l'alvocat.
- Àcids grassos poliinsaturats omega-3, pel peix blau.
- Iode, procedent de l'alga i el peix.

Composició nutricional per ració

Energia: 646 kcal
Proteïnes: 23 g
Hidrats de carboni: 100 g
Lípids: 19 g
  Àcids grassos saturats: 3,5 g
  Àcids grassos monoinsaturats: 9 g
  Àcids grassos poliinsaturats: 2,5 g

12. MENTRE CORREM

BARRETA CASOLANA DE BLAT I PRUNES

Ingredients (1 persona)

1/2 tassa de flocs de civada
1/2 tassa de blat inflat
1 cullerada de mel
1/2 iogurt desnatat
5 g de prunes seques

Com fer-ho?

- Barregeu mitja tassa de civada, mitja tassa de blat inflat triturat, les prunes triturades, la mel i el iogurt.
- Poseu-ho en un motlle, ben premsat.
- Poseu-ho al congelador unes 3 hores fins que agafi consistència.
- Traieu-ho del congelador i talleu-ho amb un ganivet a tires fines, de la mida de barretes.
- Emboliqueu-les amb paper film i guardeu-les al congelador o la nevera.

Què ens aporta?

- Els flocs de civada són rics en vitamines del grup B, concretament B1. Tenen un efecte tonificant i equilibrant del sistema nerviós central, de manera que són ideals contra l'astènia o la fatiga i l'estrès.
- Els flocs de blat inflat són interessants pel seu contingut en fibra, vitamines del complex B, tocoferols i polifenols antioxidants.

• L'aportació d'hidrats de carboni dels cereals està reforçada pels sucres simples que aporten la mel i les prunes seques.

• Els cereals tenen proteïnes de qualitat intermèdia, deficitàries en l'aminoàcid lisina, però la combinació amb els lactis aconsegueix una proteïna de més qualitat.

Composició nutricional per ració

Energia: 308,5 kcal
Proteïnes: 9,8 g
Hidrats de carboni: 74,8 g
Lípids: 2,8 g

BARRETA CASOLANA D'ARRÒS I XOCOLATA

Ingredients (1 persona)

1/2 tassa de flocs de civada
1/2 tassa d'arròs inflat
1 cullerada de mel
1/2 iogurt desnatat
1 cullerada de gotes de xocolata

Com fer-ho?

• Barregeu mitja tassa de civada, mitja tassa d'arròs inflat triturat, les gotes de xocolata, la mel i el iogurt.

• Poseu-ho en un motlle, ben premsat.

• Poseu-ho al congelador unes 3 hores fins que agafi consistència.

• Traieu-ho del congelador i talleu-ho amb un ganivet a tires fines, de la mida de barretes.

• Emboliqueu-les amb paper film i guardeu-les al congelador o la nevera.

Què ens aporta?

• És molt rica en hidrats de carboni, com la barreta anterior, però amb la particularitat de l'arròs inflat, que és de fàcil digestió.

• La xocolata és rica en flavonoides, concretament epicatequina, amb un paper cardioprotector i antioxidant important.

Composició nutricional per ració

Energia: 360 kcal
Proteïnes: 9,9 g
Hidrats de carboni: 77,6 g
Lípids: 3,8 g
  Àcids grassos saturats: 1,8 g
  Àcids grassos monoinsaturats: 1 g
  Àcids grassos poliinsaturats: 0,1 g

Barreta de cereals i panses

Ingredients (2 persones)

1/2 iogurt desnatat
1/2 tassa de flocs de civada
1/4 de tassa d'arròs inflat
1/4 de tassa de flocs de blat de moro
10 g de panses
1 cullerada de melmelada de préssec

Com fer-ho?

- Barregeu mitja tassa de civada, mitja tassa d'arròs inflat triturat, els flocs de blat de moro, les panses triturades, la melmelada i el iogurt.
- Poseu-ho en un motlle, ben premsat.
- Poseu-ho al congelador unes 3 hores fins que agafi consistència.
- Traieu-ho del congelador i talleu-ho amb un ganivet a tires fines, de la mida de barretes.
- Emboliqueu-les amb paper film i guardeu-les al congelador o la nevera.

Què ens aporta?

- Hidrats de carboni complexos per la civada, l'arròs i el blat de moro, i simples per la melmelada i les panses.
- Els flocs de blat de moro destaquen pel seu potencial antioxidant, per la seva riquesa en betacarotens.
- El iogurt completa els aminoàcids dels cereals i hi afegeix proteïnes de qualitat.

Composició nutricional per ració

Energia: 235,4 kcal
Proteïnes: 6,1 g
Hidrats de carboni: 54,4 g
Lípids: 1,4 g

Compota de fruita

Ingredients (2 persones)

100 g de poma vermella
50 g de panses de Corint
50 g de dàtils
10 g d'ametlles
1/2 gotet de brandi

Com fer-ho?

- Peleu i talleu la poma a trossos grossos.
- Bateu la poma juntament amb les panses.
- A part, bateu els dàtils (sense pinyol) amb les ametlles i el brandi.
- Barregeu la pasta resultant amb la poma i les panses.
- Poseu-la en potets de vidre i deixeu-la reposar tapada uns dies.

Idees

- Es pot congelar.
- Per facilitar-ne el consum, podem donar-hi forma de barreta o de bombó.

Què ens aporta?

- És molt rica en hidrats de carboni d'absorció ràpida, sobretot per les panses, els dàtils i la poma.
- La poma és molt rica en flavonoides i quercetina, amb propietats antioxidants.
- Les ametlles tenen un alt contingut de greixos, sobretot insaturats. Tenen un alt contingut de fibra, més que la resta de la fruita seca, i són una bona font de vitamines del grup B i E, d'acció antioxidant.

Composició nutricional per ració

Energia: 288 kcal
Proteïnes: 2,4 g
Hidrats de carboni: 62,7 g
Lípids: 6,3 g
Àcids grassos saturats: 0,4 g
Àcids grassos monoinsaturats: 4,5 g
Àcids grassos poliinsaturats: 0,9 g

Gel energètic casolà de gelatina

Ingredients

1 terrina de gelatina comercial de sabors
Una mica de sal
6 cullerades de panela
3 cullerades de sucre
1/2 got de beguda isotònica tipus Aquarius

Com fer-ho?

- Ratlleu la panela.
- Barregeu tots els ingredients en un bol.
- Escalfeu-ho 1 minut i mig al microones.
- Remeneu-ho fins que es dissolgui tot bé.
- Col·loqueu-ho en racions.
- Deixeu-ho refredar a la nevera fins que adquireixi consistència semisòlida.

Idees

- Per envasar el gel en racions individuals, podeu utilitzar ampolletes petites d'aigua buides amb broc especial per facilitar-ne la beguda, bosses de plàstic petites amb tancament hermètic o recipients especials que podeu trobar en algunes botigues especialitzades en esports.

Què ens aporta?

- Aquest producte ens aporta sobretot sucres ràpids i hidratació.
- La panela és un producte obtingut a partir de la deshidratació de la canya de sucre. Està compost sobretot per sacarosa (d'un 75% a un

85%), fructosa i una petita proporció de proteïnes vegetals, minerals i vitamines.

• La gelatina és una substància obtinguda del col·lagen i les proteïnes són el seu component natural més abundant, encara que li manquen alguns aminoàcids essencials. Les gelatines comercials porten, a més, una quantitat elevada de sucres, que en aquest cas ens afavoreixen. Són molt riques en aigua.

Composició nutricional (per les quantitats indicades)

Energia: 503 kcal
Proteïnes: 1,5 g
Hidrats de carboni: 122,9 g
Lípids: 0 g

Gel energètic casolà amb fruita fresca

Ingredients

2 cullerades de fructosa
2 cullerades de melassa de canya
2 cullerades de xarop de glucosa
100 g de fruita fresca (maduixes, plàtan, kiwi)
2 g de panses molt picades
1 cullerada de mel
1,5 l d'aigua

Com fer-ho?

• Coeu, a foc lent, la fruita pelada i trossejada i les panses amb l'aigua.
• Retireu-ho del foc i afegiu-hi la melassa, el xarop de glucosa, la fructosa i la mel.
• Tritureu-ho amb la batedora.
• Envaseu-ho en racions individuals.
• Refredeu-ho.

Idees

• En lloc de fruita fresca, podeu utilitzar melmelada o compota de fruita.

Què ens aporta?

- L'aportació principal són sucres ràpids per obtenir energia immediata.
- Aigua per afavorir la hidratació.

Composició nutricional (per les quantitats indicades)

Energia: 335,60 kcal
Proteïnes: 0,6 g
Hidrats de carboni: 85,7 g
Lípids: 0,1 g

Beguda energètica casolana amb refresc

Ingredients

50 g de maltodextrina
20 g de sucre
1/4 de culleradeta de sal baixa en sodi
1 l d'aigua
1/2 l de refresc sense gas

Com fer-ho?

- Barregeu bé els ingredients.
- Escalfeu-ho sense que arribi a bullir perquè es dissolgui bé.
- Envaseu-ho en dosis individuals.
- Refredeu-ho.

Què ens aporta?

- Ens aporta hidratació i energia en forma d'hidrats de carboni.
- La maltodextrina és un hidrat de carboni complex format per 7 o més unitats de glucosa, de manera que contribueix a mantenir la glucèmia a nivells constants i ens assegura un subministrament d'energia progressiu sense provocar increments bruscos de glucèmia. Les begudes amb maltodextrina es digereixen millor, tenen menys osmolaritat i proporcionen menys sensació de sacietat, la qual cosa permet una major ingesta de líquid.

Composició nutricional (per les quantitats indicades)

Energia: 517 kcal
Proteïnes: 0 g
Hidrats de carboni: 129,6 g
Lípids: 0 g

13. DESPRÉS DE CÓRRER

Ració de recuperació

IOGURT GELAT DE MADUIXA

Ingredients (1 persona)

- 100 g de maduixes
- 1 iogurt natural desnatat (125 cc)
- 2 cullerades de postres de gelatina
- 1 clara d'ou
- 2 cullerades de sucre

Com fer-ho?

- Netegeu les maduixes i talleu-les a trossos grossos.
- Bateu les maduixes juntament amb el iogurt desnatat.
- Dissoleu la gelatina en aigua calenta i barregeu-la amb el batut fins que quedi ben homogeni.
- Poseu-ho al congelador fins que quedi parcialment congelat. Traieu-ho i torneu-ho a batre fins que quedi cremós. Repetiu dues vegades l'operació.
- La segona vegada, afegiu-hi les clares d'ou batudes a punt de neu i barregeu-ho bé.
- Endolciu-lo amb sucre al vostre gust.
- Torneu-lo a congelar.

Idees

- Traieu-lo uns minuts abans del congelador perquè sigui més suau.
- Per fer-lo més lleuger, podeu endolcir-ho amb algun edulcorant líquid en lloc de sucre.

• Podeu elaborar el gelat de iogurt amb qualsevol altra fruita de temporada.

Què ens aporta?

• Hidrats de carboni simples pel sucre i les maduixes, per recuperar els dipòsits de glucogen.

• Proteïnes d'alta qualitat sense aportació extra de greixos, per la gelatina, la clara d'ou i el iogurt desnatat.

Composició nutricional per ració

Energia: 103 kcal
Proteïnes: 8,15 g
Hidrats de carboni: 16,4 g
Lípids: 0,64 g

Flam de plàtan

Ingredients (2-3 persones)

1 i 1/2 plàtans madurs
100 cc de llet condensada
2 ous
1 llimona
Sucre per caramel·litzar

Com fer-ho?

• Poseu en un cassó al foc mig litre d'aigua, la llet condensada i la pela de llimona.

• Bateu els ous.

• Afegiu-hi la llet calenta lentament mentre remeneu.

• Afegiu-hi el plàtan aixafat amb una forquilla.

• Retireu la pela de llimona.

• Aboqueu la barreja en un motlle caramel·litzat.

• Coeu-ho al forn al bany maria uns 30-40 minuts (fins que estigui quallat).

• Desemmotlleu-lo en fred.

Idees

• Recepta ideal també com a postres o berenar.

• Fàcil i agradable de consumir.

Què ens aporta?

• El plàtan és una fruita rica en sucres, molt energètica i amb una aportació important de potassi, magnesi i àcid fòlic. És ric en tanins, amb acció astringent.

• Els ous són font de proteïnes d'alt valor biològic.

• La llet condensada és molt energètica i ajuda a la recuperació després d'un desgast físic, en ser especialment rica en sucres. En deshidratar-se, conté tres vegades més proteïnes i greix que la llet normal i és molt rica en calci.

Composició nutricional (per flam)

Energia: 370 kcal
Proteïnes: 18,5 g
Hidrats de carboni: 35,55 g
Lípids: 16,8 g
  Àcids grassos saturats: 5,9 g
  Àcids grassos poliinsaturats: 5,4 g
  Àcids grassos monoinsaturats: 1,2 g

Batut de kiwi amb pinya

Ingredients (1 persona)

1 kiwi
1 iogurt natural desnatat
1/2 llimona
1 got de suc de pinya
1 got de refresc de llimona

Com fer-ho?

• Bateu el kiwi pelat amb el suc de pinya.

• Ratlleu la pela de mitja llimona.

• Barregeu el batut de kiwi, el suc de llimona, la ratlladura de la pela de llimona i el iogurt.

• Barregeu-ho amb gel picat i bateu-ho bé.

• Serviu-lo amb una mica de refresc de llimona.

Idees

• El gel i el refresc de llimona en fan una beguda ideal per a dies calorosos i és una ajuda important en la rehidratació després d'un esforç.

Què ens aporta?

- Sobretot sucres d'absorció ràpida, pel kiwi, el suc de pinya i el refresc de llimona.
- Proteïnes d'alt valor biològic que ajuden a la recuperació, pel iogurt, que, en ser desnatat, no aporta un plus de greix.

Composició nutricional per ració

Energia: 180 kcal
Proteïnes: 3,8 g
Hidrats de carboni: 39,2 g
Lípids: 2 g

Batut de cacau i plàtan

Ingredients (1 persona)

1 got de llet sencera
1 cullerada de postres de llet en pols
1 cullerada sopera de cereals per esmorzar
1 cullerada de postres de sucre
1 cullerada de postres de cacau en pols
1 plàtan

Com fer-ho?

- Peleu el plàtan.
- Barregeu tots els ingredients i tritureu-los a la batedora.

Idees

- Si voleu fer el batut més lleuger, podeu substituir la llet sencera per llet desnatada o aigua.
- Si us resulta massa espès o saciant, podeu obviar els cereals.

Què ens aporta?

- És un batut molt energètic, ric en hidrats de carboni d'absorció ràpida (pel sucre i el plàtan) i lenta (pels cereals). Això el fa ideal a l'hora de recuperar els dipòsits de glucogen.
- També conté proteïnes làcties, que ajuden en aquesta recuperació.

Composició nutricional per ració

Energia: 228,6 kcal
Proteïnes: 7,7 g
Hidrats de carboni: 44,2 g
Lípids: 2,1 g
Àcids grassos saturats: 1 g
Àcids grassos poliinsaturats: 0,5 g
Àcids grassos monoinsaturats: 0,05 g

Batut de maduixa

Ingredients (1 persona)

1 iogurt grec (150 ml)
10 g de llet desnatada en pols
60 g de maduixes
10 g de mel

Com fer-ho?

- Netegeu les maduixes i retireu-los les fulles.
- Barregeu el iogurt amb la llet en pols, la mel i les maduixes.
- Bateu-ho tot junt.

Idees

- Si el iogurt és ensucrat, hi afegim un plus d'hidrats de carboni simples.
- Podeu substituir el iogurt grec per iogurt desnatat per fer el batut més *light*.
- Si el congeleu, es pot consumir en forma de gelat, ideal si fa calor.

Què ens aporta?

- Hidrats de carboni d'absorció ràpida per la mel i les maduixes.
- Proteïnes d'alt valor biològic pel iogurt i la llet en pols.

Composició nutricional per ració

Energia: 167,3 kcal
Proteïnes: 8,28 g
Hidrats de carboni: 23,46 g
Lípids: 4,3 g

Àcids grassos saturats: 0,9 g
Àcids grassos poliinsaturats: 0,35 g
Àcids grassos monoinsaturats: 0,3 g

Batut de mango

Ingredients

1 mango
250 ml de llet desnatada
2 galetes integrals de civada
2 cullerades de llet en pols desnatada
2 clares d'ou pasteuritzades

Com fer-ho?

- Peleu i trossegeu el mango.
- Trossegeu les galetes i barregeu-les amb la llet, la llet en pols i les clares d'ou.
- Incorporeu-hi el mango.
- Bateu-ho fins que quedi homogeni.

Idees

- Si voleu fer un batut amb menys aportació proteica, podeu eliminar la llet en pols i/o les clares d'ou.

Què ens aporta?

- Sucres ràpids pel mango i d'absorció més lenta per les galetes de civada.
- Proteïnes d'alta qualitat per la llet, que en ser desnatada no aporta un plus de greix, i les clares d'ou.

Composició nutricional per ració

Energia: 250,5 kcal
Proteïnes: 15 g
Hidrats de carboni: 42,65 g
Lípids: 3,4 g
Àcids grassos saturats: 1,46 g
Àcids grassos poliinsaturats: 0,62 g
Àcids grassos monoinsaturats: 0,1 g

Liquat de fruita

Ingredients

1 iogurt de fruites
2 cullerades de llet en pols desnatada
2 clares batudes
200 g de fruita fresca variada
1 cullerada de llavors de sèsam
Gel picat

Com fer-ho?

- Netegeu i peleu la fruita. Trossegeu-la.
- Barregeu el iogurt amb la llet en pols, les clares batudes i la fruita.
- Bateu-ho.
- Incorporeu-hi una mica de gel picat.
- Espolseu-hi les llavors de sèsam per sobre.

Idees

- És una bona base per elaborar polos casolans, que vénen molt de gust en temporada de calor.

Què ens aporta?

- Les llavors de sèsam tenen una elevada quantitat de proteïnes, a més de ser riques en metionina, un aminoàcid essencial. Contenen greix insaturat i lecitina, indicada per reduir el colesterol. Són també riques en calci i fibra, amb funció reguladora del trànsit gastrointestinal.
- És una font important de sucres, per la fruita i el iogurt de fruites.
- La llet i les clares d'ou aporten proteïnes d'alt valor biològic.

Composició nutricional per ració

Energia: 223,5 kcal
Proteïnes: 18,2 g
Hidrats de carboni: 29,5 g
Lípids: 3,1 g

Àcids grassos saturats: 0,75 g
Àcids grassos poliinsaturats: 1 g
Àcids grassos monoinsaturats: 0,9 g

Liquat de taronja i germen de blat

Ingredients (1 persona)

1 got de suc de taronja
1 rovell d'ou
1 cullerada de mel
1 culleradeta de germen de blat

Com fer-ho?

- Feu un suc de taronja amb 3 taronges.
- Bateu el rovell d'ou i barregeu-lo amb el suc.
- Afegiu-hi la cullerada de mel i barregeu-ho bé (podeu fer-ho en una coctelera).
- Espolseu-hi el germen de blat per sobre.

Idees

- És una beguda molt refrescant, hidratant i energètica, ideal després d'un esforç exhaustiu.

Què ens aporta?

- Hidrats de carboni ràpids, per la mel i el suc de taronja.
- Un plus d'energia, pel rovell d'ou, ric en greixos.
- El germen de blat és una font natural d'antioxidants, concretament vitamina E. És també ric en vitamines del grup B, proteïnes i àcids grassos essencials.

Composició nutricional per ració

Energia: 174,3 kcal
Proteïnes: 3,8 g
Hidrats de carboni: 32 g
Lípids: 2,8 g
Àcids grassos saturats: 0,8 g
Àcids grassos poliinsaturats: 1,1 g
Àcids grassos monoinsaturats: 0,3 g

Dieta de recuperació

ARRÒS QUATRE DELÍCIES

Ingredients

200 g d'arròs
20 g de panses
100 g de pinya
100 g de salmó fumat tallat a daus
50 g de blat de moro dolç en conserva

Com fer-ho?

- Bulliu l'arròs amb aigua abundant amb sal.
- Peleu la pinya i talleu-la a daus.
- Barregeu l'arròs amb les panses, els daus de pinya i de salmó fumat i el blat de moro.

Idees

- Podeu utilitzar pinya en conserva al natural si no disposeu de pinya fresca.
- Els ingredients per barrejar amb l'arròs (base del plat) poden variar segons preferències o disponibilitat.

Què ens aporta?

- És un plat molt ric en hidrats de carboni. Els complexos estan representats per l'arròs i el blat de moro, i els ràpids per la pinya i les panses.
- Les proteïnes no són gaire abundants, però sí que són d'alt valor biològic, completes.
- És un plat pobre en greixos, i els que té són cardiosaludables i beneficiosos per a la salut, ja que el salmó és un peix blau ric en omega-3.

Composició nutricional per ració

Energia: 508,9 kcal
Proteïnes: 9,3 g
Hidrats de carboni: 91 g
Lípids: 6,5 g
  Àcids grassos saturats: 1,5 g
  Àcids grassos monoinsaturats: 2,1 g
  Àcids grassos poliinsaturats: 1,5 g

Pasta amb verdures

Ingredients

200 g de pasta italiana (la forma que més ens agradi)
50 g de carbassó
50 g de porro
50 g d'albergínia
50 g de pastanaga
50 g de xampinyons
50 g de formatge parmesà ratllat
1 cullerada d'oli d'oliva
Pebre i orenga en pols

Com fer-ho?

- Renteu i talleu les verdures i els bolets a bastonets.
- Salteu-les amb una mica d'oli d'oliva a foc lent.
- Bulliu la pasta amb aigua abundant fins que estigui *al dente.*
- Escorreu-la i barregeu-la amb les verdures.
- Afegiu-hi pebre, orenga i una mica de parmesà ratllat.

Idees

- Podeu saltar més quantitat de verdures de les que indica la recepta i congelar-ne per a un altre dia, en què per elaborar el plat només haureu de bullir la pasta.
- És un plat atractiu i no carregós.

Què ens aporta?

- Aquest plat ens aporta sobretot hidrats de carboni d'absorció lenta, minerals, vitamines i fibra, i omple els nostres dipòsits de glucogen de manera sana i saborosa.

Composició nutricional per ració

Energia: 604 kcal
Proteïnes: 27 g
Hidrats de carboni: 92,7 g
Lípids: 18,1 g
  Àcids grassos saturats: 5,9 g
  Àcids grassos monoinsaturats: 7,7 g
  Àcids grassos poliinsaturats: 3,5 g

Nyoquis de patata al *pesto*

Ingredients

500 g de nyoquis de patata
3 cullerades d'oli d'oliva
2 grans d'all
1 ramet d'alfàbrega o alfàbrega dessecada
25 g de parmesà ratllat
1 grapat (amb la mà tancada) de pinyons
Sal i pebre

Com fer-ho?

• Bulliu els nyoquis amb aigua abundant amb sal fins que quedin *al dente.*

• Piqueu l'alfàbrega, els grans d'all i els pinyons.

• Salpebreu-ho.

• Afegiu-hi l'oli lentament mentre aneu barrejant els ingredients, fins que quedi una pasta homogènia.

• Barregeu els nyoquis amb la salsa.

• Espolseu-hi parmesà ratllat per sobre.

Idees

• Si voleu fer la recepta més lleugera i amb menys contingut de greix, podeu amanir els nyoquis amb una salsa menys calòrica i eliminar el formatge parmesà.

• Un exemple és amb salsa de bolets. Els ingredients són: 100 g de xampinyons, 1 ceba mitjana, 1/2 gra d'all, farigola, llorer, julivert, 1 got de brou de carn i 1 cullerada de postres de concentrat de tomàquet. L'elaborem de la següent manera: ofegueu els xampinyons i la ceba tallada en una mica d'oli d'oliva a foc suau. En una cassola, coeu durant 5-10 minuts 1 got de brou de carn, el gra d'all, el llorer, la farigola, el julivert i el concentrat de tomàquet. Salpebreu-ho i passeu-ho pel colador xinès. Afegiu-hi els xampinyons i barregeu-ho amb els nyoquis.

Què ens aporta?

• La base de la recepta són els nyoquis, elaborats a partir de patata, encara que també s'hi pot afegir sèmola de blat o *ricotta*. Les seves qualitats nutritives són energètiques, amb alt contingut en hidrats de carboni complexos.

• El *pesto* és una salsa italiana les característiques nutricionals de la qual són les pròpies dels seus ingredients principals: l'oli d'oliva i els pinyons, rics en greixos cardiosaludables. L'alfàbrega és una herba aromàtica que li dóna el gust i l'aroma característics, però que no aporta cap característica nutricional.

• El formatge parmesà és un formatge curat molt ric en calci, proteïnes làcties i greixos de tipus saturat.

Composició nutricional per ració

Energia: 512 kcal
Proteïnes: 14,5 g
Hidrats de carboni: 68,5 g
Lípids: 18,2 g
Àcids grassos saturats: 2,7 g
Àcids grassos monoinsaturats: 11,1 g
Àcids grassos poliinsaturats: 3,8 g

Truita de patates i bolets

Ingredients

4 ous
400 g de patates
100 g de bolets
1 cullerada d'oli d'oliva

Com fer-ho?

• Peleu les patates i talleu-les a làmines fines.

• Coeu-les al microones uns 15 minuts a potència màxima amb una mica de sal i oli d'oliva.

• Netegeu els bolets i salteu-los amb una mica d'oli d'oliva a foc mitjà durant uns 10 minuts.

• Bateu els ous i afegiu-hi les patates i els bolets.

• Feu una truita en una paella antiadherent.

Idees

• Els bolets es poden substituir per altres verdures, com carbassó, ceba, espinacs, etc.

• Si voleu augmentar la quantitat d'hidrats de carboni del plat, podeu afegir pèsols a la truita o fer un entrepà de truita.

Què ens aporta?

- Hidrats de carboni d'absorció lenta, per la patata.
- Proteïnes d'alt valor biològic, per l'ou.
- És un plat pobre en greix.

Composició nutricional per ració

Energia: 442 kcal
Proteïnes: 14,2 g
Hidrats de carboni: 68,8 g
Lípids: 11,3 g
   Àcids grassos saturats: 2,1 g
   Àcids grassos monoinsaturats: 5,3 g
   Àcids grassos poliinsaturats: 1,1 g

14. REFRIGERIS: ESMORZARS I BERENARS

BROQUETA DE FRUITA AMB CREMA DE IOGURT I IOGURT GELAT

Ingredients

1 préssec
4 maduixes
4 grans de raïm
1 iogurt natural desnatat
1 cullerada de crema de llet
Canyella en pols

Com fer-ho?

- Bateu 1/2 iogurt desnatat i congeleu-lo.
- Munteu les broquetes amb les maduixes, el préssec pelat i tallat a daus i el raïm.
- Bateu la resta del iogurt amb una mica de crema de llet i canyella en pols.
- Cobriu les broquetes amb la crema de iogurt.
- Acompanyeu-les amb una bola de iogurt gelat.

Idees

- Les fruites es poden variar segons temporada i preferències.
- Si no us ve de gust l'acompanyament amb iogurt gelat, podeu posar tot el iogurt a la crema de iogurt.
- Per alleugerir el plat, podeu suprimir la crema de llet.
- Si el que interessa és augmentar la quantitat d'hidrats de carboni, podeu afegir sucre, mel o melmelada a la recepta.

Què ens aporta?

- Principalment hidrats de carboni d'absorció ràpida, per les fruites.
- Proteïnes d'alt valor biològic i calci, pel iogurt.

Composició nutricional per ració

Energia: 154 kcal
Proteïnes: 5,82 g
Hidrats de carboni: 23,79 g
Lípids: 3,9 g
    Àcids grassos saturats: 1,7 g
    Àcids grassos monoinsaturats: 0,8 g
    Àcids grassos poliinsaturats: 0,08 g

Coca de cireres

Ingredients (per a 4 persones)

1/4 de kg de cireres
4 cullerades d'oli d'oliva verge
5 cullerades de farina
1 got de llet desnatada
Sal
Sucre de llustre
1 cullerada d'ametlla crua ratllada

Com fer-ho?

- Barregeu la farina, l'oli i el got de llet fins que quedi una massa cremosa. Saleu-ho.
- Poseu les cireres en un motlle untat de mantega.
- Afegiu-hi la massa.
- Espolseu-hi l'ametlla crua ratllada per sobre.
- Poseu-ho al forn a 160 °C durant 40 minuts.
- Desemmotlleu la coca i espolseu-hi el sucre de llustre per sobre.

Idees

- En lloc de cireres, podeu utilitzar qualsevol altra fruita: gerds, poma, pera, etc.
- Es poden elaborar coques individuals posant la massa en motlles petits.

Què ens aporta?

• Sucres complexos, per la farina, i ràpids, per les cireres.

• Proteïnes, procedents de la llet i l'ametlla.

• Greixos, amb predomini dels insaturats, procedents sobretot de l'ametlla i l'oli d'oliva.

Composició nutricional per ració

Energia: 216,3 kcal
Proteïnes: 3,8 g
Hidrats de carboni: 23,8 g
Lípids: 11,7 g
Àcids grassos saturats: 1,5 g
Àcids grassos monoinsaturats: 8 g
Àcids grassos poliinsaturats: 9,4 g

Creps

Ingredients per a la massa (10 unitats)

125 g de farina
3 dl de llet
1 ou
1 cullerada d'oli d'oliva
Sal

Com fer-ho?

• Tamiseu la farina i la sal, poseu-les en un bol i formeu-hi un forat al centre.

• Bateu l'ou i barregeu-lo amb la llet.

• Aboqueu la barreja lentament al forat del bol i aneu-la remenant bé amb la farina.

• Per fer les creps: escalfeu una mica d'oli en una paella antiadherent no gaire grossa i aboqueu-hi una mica de pasta fins que cobreixi la paella amb una capa fina.

• Coeu-la a foc mitjà fins que qualli la massa, gireu-la per coure'n l'altre costat i retireu-la.

• Ompliu les creps amb els ingredients que us vinguin més de gust: melmelada, compota de fruita, fruita fresca, pernil, formatge, espàrrecs, etc. N'hi ha milers de varietats!

Idees

- Podeu congelar-les i conservar-les per utilitzar-les quan sigui necessari.
- Podeu omplir-les amb diferents ingredients i donar-los un gust salat o dolç segons us vingui de gust: plàtan i sucre, pernil i formatge, espàrrecs i *brie*, etc.

Què ens aporta?

- La massa de la crep ens aporta hidrats de carboni complexos i proteïnes d'alt valor biològic.
- Segons la qualitat del farcit que escollim, en modifiquem l'aportació nutricional: si hi afegim fruita, melmelada, mel, compota de fruita, etc., n'augmentem els sucres; si hi afegim pernil, formatge, gall dindi, tonyina, etc., n'augmentem l'aportació de proteïnes.

Composició nutricional per ració (sense el farcit)

Energia: 81,6 kcal
Proteïnes: 2,8 g
Hidrats de carboni: 10,7 g
Lípids: 2,9 g
  Àcids grassos saturats: 0,9 g
  Àcids grassos monoinsaturats: 1,2 g
  Àcids grassos poliinsaturats: 0,2 g

Pastís de pastanaga

Ingredients (per a 6 persones)

175 g de mantega
175 g de sucre morè
2 ous
225 g de farina integral
225 g de pastanagues
90 g de panses
60 g de nous picades
3 culleradetes de bicarbonat sòdic
1 culleradeta de llevat en pols
1/2 culleradeta de canyella en pols
1/2 culleradeta de nou moscada en pols

Sal
1/2 culleradeta de llavors de cardamom triturades
Sucre de llustre per decorar

Com fer-ho?

- Bateu la mantega i el sucre.
- Afegiu-hi els ous batuts i barregeu-ho bé.
- Poseu la farina en un bol juntament amb el bicarbonat, el llevat, la canyella, la nou moscada i una mica de sal.
- Incorporeu els ous amb la mantega a la farina i barregeu-ho bé.
- Peleu les pastanagues i ratlleu-les.
- Afegiu-hi les pastanagues, les panses, les nous picades i les llavors de cardamom i bateu-ho bé fins que quedi ben barrejat.
- Poseu-ho en un motlle amb paper encerat a la base.
- Poseu-ho al forn a 175 °C durant uns 45 minuts.
- Espolseu-hi el sucre de llustre per sobre un cop desemmotllat i fred.

Idees

- Podeu substituir la pastanaga per poma, i donareu al pastís un gust més dolç, o per una altra verdura (bròquil, espinacs, etc.).
- Si voleu fer el pastís més saludable, podeu substituir tota la mantega o una part per oli d'oliva.

Què ens aporta?

- Les pastanagues són una excel·lent font de vitamines A i C.
- La farina integral és rica en vitamines del grup B.
- Les nous ens aporten gran quantitat de greixos cardiosaludables.
- Les panses, el sucre i la farina són fonts energètiques riques en hidrats de carboni.

Composició nutricional per ració

Energia: 642 kcal
Proteïnes: 13,5 g
Hidrats de carboni: 71,9 g
Lípids: 31,2 g
  Àcids grassos saturats: 15,6 g
  Àcids grassos monoinsaturats: 8,9 g
  Àcids grassos poliinsaturats: 4,7 g

Pa de gingebre

Ingredients (per a 6 persones)

125 g de mantega
225 g de sucre morè
300 g de farina
1 dl d'almívar
2 culleradetes de llevat
2 culleradetes de gingebre fresc
1 culleradeta de nou moscada en pols
1 ou

Com fer-ho?

- Desfeu la mantega, el sucre i l'almívar a foc lent en una cassola.
- Afegiu-hi una mica d'aigua calenta i retireu-ho del foc.
- Barregeu la farina i el llevat, poseu-ho en un bol i feu-hi un forat al centre.
- Afegiu-hi el gingebre pelat i ratllat, nou moscada i un ou batut.
- Afegiu lentament la barreja de mantega i almívar al forat.
- Barregeu-ho lentament amb la farina fins a formar una massa.
- Poseu-la en un motlle amb paper encerat.
- Poseu-ho al forn a 165 °C durant una hora o una hora i mitja.
- Deixeu-ho refredar i desemmotlleu-ho.

Idees

- Podeu afegir-hi una barreja de fruites confitades a trossets per fer una mena de *plum cake*.
- Es conserva molt bé al congelador.

Què ens aporta?

- Ens aporta sobretot energia, en forma d'hidrats de carboni i de greixos. Els glúcids estan representats pel sucre i l'almívar, d'absorció ràpida, i la farina, d'absorció lenta.

Composició nutricional per ració

Energia: 503,3 kcal
Proteïnes: 5,9 g
Hidrats de carboni: 78,6 g

Lípids: 18,8 g

Àcids grassos saturats: 10,4 g

Àcids grassos monoinsaturats: 5,3 g

Àcids grassos poliinsaturats: 0,8 g

Brioix de poma

Ingredients (per a 8 persones)

300 g de farina

300 g de sucre

300 g de mantega

5 ous

3 pomes tipus Golden

Com fer-ho?

- Bateu la mantega i el sucre fins que quedi homogeni.
- Afegiu-hi els ous batuts i la farina.
- Poseu-ho en un motlle.
- Peleu i talleu la pomes a trossos fins i col·loqueu-los sobre la massa.
- Poseu-ho al forn a uns 170 °C durant 30 minuts, i després 30 minuts més a potència mitjana.

Idees

- La poma es pot substituir per altres fruites segons preferències i disponibilitat: pera, préssec, mango, etc.

Què ens aporta?

- L'aportació és principalment energètica, en forma d'hidrats i greixos.
- Els glúcids són d'absorció ràpida (el sucre i la poma) i d'absorció lenta (la farina).

Composició nutricional per ració

Energia: 633,5 kcal

Proteïnes: 8 g

Hidrats de carboni: 741,8 g

Lípids: 35,4 g

Àcids grassos saturats: 19 g
Àcids grassos monoinsaturats: 10 g
Àcids grassos poliinsaturats: 1,3 g

Copa de iogurt amb nabius i móres

Ingredients

1 iogurt grec
1 iogurt desnatat
200 g de móres i nabius
2 cullerades de melmelada de nabius o gerds
30 g de nous pelades
2 galetes tipus maria

Com fer-ho?

- Tritureu les galetes.
- Barregeu el iogurt grec amb el iogurt desnatat i bateu-los.
- En una copa o un bol individual i transparent, poseu-hi: una cullerada de melmelada, una capa de galeta triturada, una capa de fruita i una capa de iogurt.
- Espolseu-hi les nous trossejades per sobre.
- Conserveu-ho a la nevera fins al moment de servir-ho.

Idees

- Les galetes es poden substituir per cereals, com arròs, blat o blat de moro inflat.
- La fruita i la melmelada es poden variar: préssec, maduixa, poma, etc.
- Podeu congelar-ho i fer una copa gelada.

Què ens aporta?

- Glúcids simples, per la fruita i la melmelada. La galeta està composta per glúcids complexos.
- Proteïna làctia d'alt valor biològic.
- Les nous són riques en greixos cardiosaludables.

Composició nutricional per ració

Energia: 258,6 kcal
Proteïnes: 7,95 g
Hidrats de carboni: 20,75 g

Lípids: 13,9 g
- Àcids grassos saturats: 1,9 g
- Àcids grassos monoinsaturats: 1,4 g
- Àcids grassos poliinsaturats: 5,3 g

Galetes de nous

Ingredients (2 persones = 10 unitats)

25 g de farina de blat
10 g de farina de blat de moro
1/4 culleradeta de llevat en pols
15 g de mantega
15 g de sucre
1 culleradeta de sucre de vainilla
1 ou
12 g de nous mòltes
10 meitats de nous pelades (uns 25 g)

Com fer-ho?

- Tamiseu els dos tipus de farina i el llevat en un bol.
- Afegiu-hi la mantega, el sucre, el sucre de vainilla, l'ou i les nous mòltes.
- Bateu-ho amb la batedora fins que quedi una massa uniforme.
- Formeu un rotlle amb la massa i deixeu-lo reposar a la nevera unes 4 hores.
- Talleu el rotlle a rodanxes d'uns 0,5 cm de gruix.
- Poseu-les en una safata per a forn folrada amb paper per enfornar.
- Pinteu-les amb clara d'ou i poseu-hi mitja nou a sobre.
- Poseu-les al forn a 200 °C durant 12 minuts.

Idees

- Utilitzant la mateixa massa de base, podeu fer les galetes amb diferent fruita seca (ametlles, avellanes, pinyons, etc.) o dessecada (prunes, panses, orellanes, etc.). En aquest últim cas, augmentareu l'aportació d'hidrats de carboni ràpids i disminuireu bastant l'aportació de greixos de la recepta.

Què ens aporta?

• Aporten sobretot energia en forma d'hidrats de carboni d'absorció lenta (les farines de blat i blat de moro) i ràpida (el sucre).

• També és important la seva aportació energètica en forma de greixos.

• En la composició de les nous abunden els àcids grassos poliinsaturats, a més de la lecitina. Entre els àcids grassos, destaca el linoleic, un àcid gras essencial per a l'organisme amb capacitat de reduir el nivell de colesterol, i el linolènic, que pertany a la sèrie omega-3.

Composició nutricional per ració

Energia: 337 kcal
Proteïnes: 7,6 g
Hidrats de carboni: 25,3 g
Lípids: 21 g
Àcids grassos saturats: 5,4 g
Àcids grassos monoinsaturats: 4,2 g
Àcids grassos poliinsaturats: 7,4 g

Pa de cedre

Ingredients (2 persones = 10 unitats)

1 clara d'ou
1/2 llimona
125 g de sucre
150 g d'ametlla mòlta
60 g de sucre de llustre

Com fer-ho?

• Bateu les clares a punt de neu.

• Afegiu-hi el suc de mitja llimona i la ratlladura de la pela de la mitja llimona.

• Incorporeu-hi el sucre i l'ametlla mòlta.

• Pasteu-ho fins a formar una massa uniforme.

• Refrigereu-la durant 1 hora embolicada en film transparent.

• Esteneu la massa i talleu-la de la forma que vulgueu amb un motlle (normalment es fan mitges llunes).

• Col·loqueu-les en una safata folrada amb paper d'enfornar.

• Coeu-les a 160 °C durant 15 o 20 minuts.

• Barregeu el sucre de llustre amb suc de llimona fins a formar un glacejat viscós i unteu-ne les peces.

• Deixeu-les assecar.

Idees

• Si obvieu el glacejat, en disminuireu l'aportació de sucre.

• Podeu substituir l'ametlla per una altra fruita seca: avellanes, pinyons, pistatxos, nous, etc.

Què ens aporta?

• La seva aportació és eminentment energètica: glúcids simples (sucre) i greixos vegetals, amb predomini dels greixos insaturats (ametlles).

Composició nutricional per ració

Energia: 705 kcal
Proteïnes: 17,7 g
Hidrats de carboni: 72,6 g
Lípids: 37,5 g
Àcids grassos saturats: 3 g
Àcids grassos monoinsaturats: 26,5 g
Àcids grassos poliinsaturats: 7,4 g

Ous remenats amb patata i pèsols

Ingredients

2 llesques de pa de motlle
4 ous
1 patata grossa
20 g de pèsols congelats
1 cullerada d'oli d'oliva
Sal, pebre

Com fer-ho?

• Bateu els ous.

• Peleu la patata i talleu-la a daus. Coeu-la al microones fins que sigui tova.

• Bulliu els pèsols fins que siguin cuits.

- En una paella, daureu la patata amb l'oli d'oliva.
- Afegiu-hi els pèsols i l'ou batut.
- Salpebreu-ho.
- Remeneu-ho fins que l'ou qualli.
- Torreu el pa de motlle.
- Serviu el remenat sobre el pa de motlle torrat.

Idees

- Podeu afegir-hi pernil a tires, embotit de gall dindi o salmó fumat, i hi donareu un plus de proteïnes.
- Si substituïu 3 dels ous per clares soles, en reduireu l'aportació de greix.
- Pot servir com a ració de reposició després d'una cursa, ja que és un plat ric en hidrats de carboni amb contingut moderat de proteïnes.

Què ens aporta?

- Hidrats de carboni d'absorció lenta: pa, pèsols, patata.
- Proteïnes d'alta qualitat, per l'ou.

Composició nutricional per ració

Energia: 401 kcal
Proteïnes: 19,2 g
Hidrats de carboni: 41,7 g
Lípids: 15,5 g
  Àcids grassos saturats: 3,5 g
  Àcids grassos monoinsaturats: 7,4 g
  Àcids grassos poliinsaturats: 1,6 g

TERCERA PART: COM FER-HO FÀCIL? VIURE PER CÓRRER

15. EXEMPLES DE MENÚS DIARIS

Com que l'objectiu d'aquest llibre és que sigui una eina eminentment pràctica que faciliti la vida diària al corredor, aquest capítol no podia faltar-hi.

Com distribuïm l'aportació energètica i de nutrients al llarg del dia? Quina recepta o quin plat són els més indicats en el meu cas? Quins nutrients fonamentals m'ha d'aportar un esmorzar saludable? Aquestes i altres preguntes són les que pretenc respondre en aquest apartat. A més, ofereix alguns exemples de casos molt concrets perquè vegeu com podeu utilitzar les receptes en el vostre dia a dia.

La distribució energètica d'un dia hauria de quedar aproximadament de la manera següent: esmorzar, entre el 15% i el 25% de l'energia diària total; dinar, aproximadament el 35-40% del total energètic; berenar, el 10-15%, i sopar, entre el 25% i el 35% del total.

Evidentment, l'ajust del nombre d'àpats i l'horari de les ingestes ha de ser personalitzat i dependrà de les circumstàncies de cada persona: es poden arribar a realitzar 7 o 8 àpats diaris.

En una dieta equilibrada, l'esmorzar és l'àpat qualitativament més important del dia: amb l'esmorzar trenquem el dejuni nocturn, preparem l'organisme per a la resta del dia i n'omplim els dipòsits de combustible. L'estructura base de l'esmorzar ha d'incloure un aliment del grup de les fècules, un aliment del grup dels lactis i una fruita. Poden afegir-s'hi altres aliments d'altres grups, com de les carns (pernil, embotit, tonyina, ous), dels greixos (oli, mantega, etc.) o dels sucres (mel, melmelada, etc.). Convé que sigui variat per evitar la monotonia i que ens asseguri com més micronutrients millor. L'ideal és fraccionar-lo per introduir un mos a mig matí. És especialment important si solem córrer al matí. En aquest cas, aconsello un primer esmorzar ric en hidrats de carboni complexos i un segon esmorzar amb més proporció d'hidrats de carboni simples.

El dinar és l'àpat quantitativament més important, ja que ha de representar aproximadament el 40% de la ingesta (unes 800 kcal de mitjana). La primera elecció ha d'incloure aliments frescos, elaboracions variades i quantitats adequades. La seva estructura base està formada per un aliment del grup de les fècules, una ració de verdures i una d'aliments del grup de carns, peixos i ous. Els seus complements bàsics són el pa i l'aigua.

El berenar ha de comptar amb la presència de fruita fresca i/o lactis no gaire grassos. La fruita seca és un bon acompanyament per a tots dos aliments. En persones amb despesa energètica elevada, també hi ha d'haver una fècula (pa, torrades, galetes, cereals), especialment si l'entrenament es fa en aquesta hora del dia.

El sopar ha de ser més lleuger que el dinar, ja que l'organisme no farà tant desgast en el que queda del dia. L'estructura bàsica és igual que la del dinar i també el pa i l'aigua són acompanyaments ideals. Ha d'incloure preparacions fàcils de pair, per facilitar el descans nocturn.

Recordem que la ingesta diària recomanada ha d'incloure un nombre de racions determinades de cada grup d'aliments: 8 racions d'aigua, de 4 a 6 racions del grup de les fècules, de 2 a 4 racions de verdures i hortalisses, de 3 a 4 racions de fruita, de 2 a 4 racions de lactis, unes 2-3 racions de carn, peix i ous i entre 3 i 5 racions d'aliments del grup dels greixos (preferentment oli d'oliva).

També és important, a l'hora de decidir el menú, tenir en compte el següent:

- Els gustos personals. Les fílies, preferències, fòbies i intoleràncies individuals, i intentar fer la dieta com més variada millor.
- L'estacionalitat i la disponibilitat dels aliments, per intentar fomentar els aliments de temporada, que són més frescos, més econòmics i més sans.
- Els costums i els hàbits de cada cultura i comunitat.
- La presentació i l'aspecte extern dels plats, així com la seva aroma. Hem de recordar que "el menjar entra pels ulls".

Alguns exemples de casos pràctics

Mare de família que dina de tupper *a la feina i sopa a casa amb la família. Corre al matí abans d'anar a la feina*

Abans de córrer: coca de cireres.
Esmorzar després de córrer: broqueta de fruita i iogurt.
Mig matí: cafè amb llet desnatada.
Dinar (*tupper*): amanida de pollastre a la vinagreta. Fruita.
Berenar: crep de pernil i espàrrecs.
Sopar: gratinat de patata i carbassó. Lluç a la Donostia. Fruita.
Ressopó: iogurt desnatat.

Executiu amb dinar de negocis en un restaurant i sopar en parella. Sol córrer a la nit, abans de sopar

Esmorzar: cereals amb llet desnatada. Maduixes.
Mig matí: mini de pernil. Cafè amb llet desnatada.
Dinar (fora): cloïsses al vapor. *Risotto* de bolets. Macedònia de fruita.
Mitja tarda: xapata de gall dindi. Suc de taronja natural.
Després de córrer: batut de maduixes.
Sopar: *carpaccio* de salmó.

Home de mitjana edat, corre el cap de setmana a mig matí. Dissabte en família amb fills i gent gran

Esmorzar: torrada amb formatge fresc. Macedònia de fruita amb iogurt.
Mig matí: pa de gingebre.
Dinar: paella de conill i carxofes. Fruita.
Mitja tarda: copa de iogurt amb móres i nabius.
Sopar: sandvitx de bròquil amb ou. Iogurt desnatat.

Dona. Feina amb horari partit: dinar i sopar a casa, però amb poc temps per preparar-los. Sol córrer al migdia

Esmorzar: cereals integrals amb iogurt desnatat.
Mig matí: fruita amb iogurt desnatat.

Dinar: amanida verda. Pastís de tonyina. Fruita.
Mitja tarda: batut de maduixes.
Sopar: sopa de fideus amb carxofes. Pollastre amb llimona.

Single *que dina de* tupper *i sopa en parella amb sopar "especial". Corre al matí*

En llevar-se: cereals amb llet desnatada.
Esmorzar: batut de plàtan i cacau.
Mig matí: entrepà de pernil.
Dinar: macarrons amb bacallà. Fruita.
Mitja tarda: crep de pernil i formatge.
Sopar: *sushi*. Macedònia de fruita.
Ressopó: mató.

16. QUÈ HE DE TRIAR QUAN MENJO FORA?

Els pilars de la dieta mediterrània són els mateixos que ens serviran de base per a quan mengem fora de casa:

- Ús de l'oli d'oliva com a principal greix culinari.
- Consum habitual d'aliments d'origen vegetal: verdures i hortalisses fresques, cereals, llegums, fruita i fruita seca.
- Consum freqüent de peix.
- Ingestió moderada de vi en els àpats.
- Baix consum de carns vermelles, derivats lactis sencers i sucres.
- Ús d'espècies i condiments variats, com llimona i herbes aromàtiques, amb formes de cocció poc greixoses.

I, en definitiva, un estil de vida que comporta activitat física moderada i continuada combinada amb el plaer de la taula i el repòs després de menjar.

Normes bàsiques per menjar fora

- Fugir de fregits, arrebossats o guisats molt pesats.
- Evitar salses o demanar que les serveixin a banda.
- Prioritzar peixos i mariscs abans que carn, i carn blanca, com pollastre, conill o gall dindi, abans que carn vermella, sobretot si és greixosa.
- Obtenir informació sobre els acompanyaments dels plats principals. Rebutjar les patates fregides i demanar-les cuites o al forn. Optar per acompanyaments de verdures i hortalisses (pebrot escalivat, espàrrecs, tomàquet al forn o bolets), arròs al vapor o pasta bullida.

• Per beure, millor aigua. Evitar begudes alcohòliques d'alta graduació. Ocasionalment, podem consumir una o dues copes de vi o cava sec.

• A les postres, optar per fruita fresca o derivats lactis poc greixoses. Una opció és no consumir les postres del menú i guardar-se-les per al refrigeri de mitja tarda.

• Especial atenció als entreteniments d'entrant (xips, olives, etc.) i del cafè (pastes de te, bombons, etc.), ja que poden augmentar molt el valor calòric de l'àpat.

• Començar amb verdura, hortalisses o amanida com a entrant i després un segon plat, o valorar l'opció de demanar dos primers plats del menú.

• No anar amb gana al restaurant. Per això és important fer un mos a mig matí o a mitja tarda i, si cal, prendre un làctic desnatat abans d'anar a dinar. Així evitarem picar xips o altres aliments calòrics mentre esperem que ens serveixin. A més, amb menys gana és més fàcil fer una elecció "no visceral" i més racional del menú.

• Menjar a poc a poc, tranquil·lament, mastegant bé i gaudint del plaer de menjar. Això permetrà que la sensació de sacietat ens arribi en el moment adequat, no després d'haver menjat més quantitat de la necessària.

• Tenir en compte les mitges racions o els mitjos menús (un plat més postres) per evitar excessos.

Exemples pràctics: opcions per triar del menú/carta

Primer plat

Amanides variades (sense embotits)
Amanida de pasta
Amanida d'arròs
Amanida de llegums
Verdures a la brasa
Escalivada
Esqueixada de bacallà
Pebrots del *piquillo* farcits de brandada de bacallà
Espinacs a la catalana
Carxofes a la brasa o al forn
Espàrrecs a la planxa o en conserva amb vinagreta

Bolets variats

Gaspatxo

Cremes de verdures (a vegades són massa riques en greixos pel seu contingut en crema de llet o nata, que n'augmenta considerablement l'aportació calòrica)

Segon plat

Carn magra, pollastre, conill o gall dindi a la brasa, a la planxa, al forn, a la papillota o al vapor

Peix blanc o blau a la brasa, a la planxa, al forn, a la papillota o al vapor

Carpaccios: de vedella, bou, bacallà, tonyina, salmó, llagostins...

Marisc al vapor o a la planxa (crustacis, mol·luscs, sípia, calamars...)

Pasta amb verdures o bolets

Arròs amb verdures

Risottos de bolets i/o verdures

Llegums cuits (sense excés de greix afegit)

Pica-pica o tapes

Pop a la gallega

Escopinyes

Musclos o cloïsses al vapor o a la marinera

Gambetes salades

Pernil de gla

Pebrots de Padrón

Xampinyons

Ensalada russa (si es pot, sense maionesa)

Pintxos de truites de verdures

Montaditos de verdures o hortalisses amb peix (anxoves, tonyina, salmó, etc.) o carn magra

17. PRECUINATS I ALIMENTS DE QUARTA GENERACIÓ

És una realitat: tenim poc temps per comprar i poc temps per preparar. L'"acceleració de la vida" fa que qualsevol cosa que simplifiqui aquestes tasques sigui benvinguda.

Els aliments "a punt per menjar" o aliments "de conveniència" són una opció saludable? Vet aquí la qüestió. Tradicionalment existeixen des de fa molt temps en forma d'embotits o conserves. Actualment, l'oferta és enorme i té tendència a augmentar. La varietat és molt gran i, en alguns casos, fins i tot per a un expert en nutrició pot ser difícil determinar si un plat en concret és bo o no.

Per començar, fem un breu repàs de què podem trobar.

Podem classificar els aliments de conveniència en:

- *Aliments de 1a gamma*: inclouen els aliments frescos i els aliments conservats amb assecat, salaó o fermentació.
- *Aliments de 2a gamma*: són aliments sotmesos a tractament tèrmic per conservar-los, normalment esterilització per sobre dels 100 °C i envasat en recipients hermètics (llaunes o envasos de vidre). Són les conserves. Pot ser un sol producte o diversos (*fabada* asturiana).
- *Aliments de 3a gamma*: productes conservats mitjançant l'aplicació de fred (congelació o ultracongelació). En aquest grup també hi trobem productes simples (peix, carn, verdures) i plats preparats o semipreparats (croquetes, peix arrebossat, patates prefregides, etc.). En aquest segon cas, la majoria de plats són sotmesos a un precuinat previ i sol ser necessari completar-ne la cocció per consumir-los.
- *Aliments de 4a gamma*: es tracta d'aliments frescos, nets, pelats, trossejats i envasats per al seu consum immediat. No han estat sotme-

sos a tractament tèrmic, solen necessitar refrigeració i el seu període de conservació és curt. Solen ser verdures i hortalisses (enciams, pastanagues, tomàquets, espinacs, etc.) i algunes fruites.

• *Aliments de 5a gamma*: són aliments ja cuinats que es comercialitzen envasats i refrigerats. Només cal escalfar-los abans de consumir-los, sense necessitat de grans manipulacions. Solen estar envasats en atmosferes modificades o al buit per allargar-los la vida.

Els productes de 4a i 5a gamma són els que actualment experimenten un major creixement. Responen a les necessitats del nou consumidor: immediatesa i facilitat. Solen tenir un cost més elevat, però gaudeixen d'una imatge de més qualitat i frescor.

La inclusió d'aquests aliments en la nostra dieta habitual comporta avantatges i desavantatges.

D'una banda, signifiquen:

• Estalvi de temps, en un moment en què els hàbits de vida demanen productes a punt de consumir d'una manera senzilla, còmoda i nutritiva.

• No cal tenir coneixements culinaris per consumir-los.

• Són ideals per a llars unifamiliars (cada vegada més nombroses) i per a la creixent tendència a la individualització en l'elecció d'aliments.

• Tenen una presentació saludable i fresca.

• Representen més varietat respecte al clàssic *fast food* (hamburgueses, pizzes, entrepans...).

• Són apetitosos.

• El seu temps de conservació és més llarg.

D'altra banda, també tenen desavantatges:

• Encareixen la cistella de la compra.

• En moltes ocasions, les seves característiques organolèptiques no són equiparables a les dels aliments "frescos" o d'elaboració casolana.

• A vegades costa identificar-ne els ingredients.

• Hi ha diferències sensibles entre productes semblants respecte al tipus de greix utilitzat (oliva, gira-sol, coco, palma, etc.) i la proporció d'alguns ingredients (arrebossats, beixamel, etc.) que dificulten enormement generalitzar.

• Hi ha pèrdua de nutrients a causa de la manipulació prèvia (també es produeix si la manipulació és casolana).
• Solen ser molt condimentats, rics en greixos saturats i de difícil digestió.
• Solen tenir més contingut en sal i/o sucre.
• Solen tenir més contingut energètic que el producte original.
• Tenen més additius alimentaris.

D'altra banda, els riscos sanitaris que comporten (biològics, químics o físics) són equiparables o menors als "aliments naturals", ja que el control sol ser molt més gran.

El problema més gran amb què ens trobem és la manca de dades per als aliments precuinats, que no solen trobar-se en les taules de composició d'aliments.

En conclusió, és molt difícil generalitzar, ja que, encara que els posem tots al mateix sac, no té res a veure un gaspatxo amb uns calamars a la romana. Una selecció adequada i una correcta freqüència de consum poden fer d'un aliment precuinat una proposta còmoda, saborosa i nutricionalment adequada. No són productes indicats per al seu consum diari, però es poden incloure en una alimentació equilibrada sempre que tinguem en compte que el seu consum ha de ser ocasional i que la dieta base ha d'estar formada per aliments frescos.

D'altra banda, amb un petit esforç, molts els podem "precuinar" a casa. Si aprofitem les estones en què disposem de més temps per cuinar i congelar o envasar de manera que puguem gaudir-ne quan ho necessitem, la nostra salut i la nostra butxaca ho agrairan.

Una altra cosa són els aliments de 4a generació, en què els desavantatges es minimitzen, ja que pràcticament no han patit cap manipulació i el fet de poder gaudir d'un aliment a punt per al consum adquireix més rellevància.

Recomanacions pràctiques per triar un aliment de conveniència

1. Fer la llista de la compra tenint en compte un menú planificat, evitar la compra impulsiva.
2. Les verdures i hortalisses fresques de 4a gamma són còmodes i molt nutritives.

3. Llegir les etiquetes nutricionals i parar una atenció especial a determinats paràmetres. Evitar ingredients com els olis de coco o palma (molt rics en greixos saturats), els greixos saturats, els greixos hidrogenats, els àcids grassos trans, el colesterol i el sodi elevat. Potenciar ingredients com l'oli d'oliva, els cereals integrals, la soja o els "rics en fibra".

4. Escollir aliments elaborats a base de vegetals en plats com pizzes, lasanyes, croquetes, empanades, *quiches*, etc.

5. Prioritzar els aliments precuinats o preparats a base de peix. En les carns, prioritzar carns blanques, com pollastre o gall dindi, o carns vermelles baixes en greix o magres.

6. En cas de productes que incloguin pa (entrepans, etc.), triar preferentment els integrals i les porcions petites o mitjanes.

7. Controlar les temperatures: mantenir les coses fredes, fredes, i les calentes, calentes.

8. Consumir-ho dins les dates recomanades. És important tenir en compte que el més segur és consumir tot el producte en el moment d'obrir l'envàs, sense deixar restes per a dies posteriors.

9. Rebutjar qualsevol envàs deteriorat.

10. Seguir sempre les instruccions del fabricant.

11. Els precuinats i els menjars preparats poden formar part d'una dieta sana i equilibrada, sempre que el seu consum sigui moderat, els complementem amb aliments frescos i siguem exigents a l'hora de triar-los.

12. Acompanyar les preparacions culinàries a base de precuinats amb guarnicions d'aliments d'origen vegetal (per exemple, croquetes, crestes o truita ja preparada amb una guarnició d'enciam i tomàquet amanits amb oli d'oliva).

13. En consumir aliments precuinats, escollir els que tenen en l'etiquetatge nutricional termes com:

Sense greix (*Fat-free*)
Sense sodi (*Sodium-free*)
Sense greix saturat (*Saturated fat-free*)
Baix en sodi (*Low-sodium*)
Baix en greix (*Low-fat*)
Lleuger en sodi (*Light in sodium*)
Baix en greix saturat (*Low saturated fat*)

Lleugerament salat (*Lightly salted*)
Menys greix o reduït (*Reduced or less fat*)
Menys sodi o reduït (*Reduced or less sodium*)
Menys greix saturat o reduït (*Reduced or less saturated fat*)
Sense sal (*Salt-free*)
Sense colesterol (*Cholesterol-free*)
Sense sal afegida (*Unsalted*)
Baix en colesterol (*Low-Cholesterol*)
Lleuger (*Light*)
Menys colesterol o reduït (*Reduced or less Cholesterol*)
Sense calories (*Calorie-free*)
Magra (*Lean*)
Baix en calories (*Low-calorie*)
Extra magra (*Extra lean*)
Saludable (*Healthy*)
Alt contingut en fibra (*High-fiber*)

18. FONS DE REBOST

L'objectiu d'aquest llibre és fer la vida més fàcil, i això passa per tenir un rebost organitzat. Un bon rebost és aquell que conté tots els aliments de llarga conservació que poden solucionar qualsevol àpat improvisat. Però sempre s'hauria de complementar amb aliments frescos per assegurar l'aportació de vitamines.

Un rebost ben proveït ens farà la vida més còmoda. Si arribem cansats i no ho hem pogut preveure, hem de poder improvisar un àpat sa i equilibrat i evitar allò de "menjar qualsevol cosa".

Els 50 aliments bàsics d'un rebost complet per a un corredor inclouen:

1. Llegums en conserva

Llenties, mongetes, cigrons... Poden ser en llauna o en pot de vidre. L'ideal és que siguin cuits, ja que és molt més fàcil fer-los servir.

2. Arròs

Hi ha molts tipus d'arròs (llarg, integral, bomba, etc.). Com a "fons de rebost" tindrem el que solem utilitzar. Actualment hi ha arrossos que només necessiten una cocció curta al foc o al microones, que en fan més ràpida la preparació. Al mercat els podem trobar també en racions individuals.

3. Pasta

Es presenta en múltiples formes: espaguetis, fideus, macarrons, llacets, pasta per a sopa, etc. Pot ser d'ou, de vegetals, etc. Pot ser seca, de llarga conservació, o fresca, de conservació més curta però també de cocció ràpida.

4. Patates

Es conserven força temps a temperatura ambient. Al mercat en podem trobar presentacions ja pelades, precuinades i envasades (normalment al buit), que es poden consumir gairebé sense preparació.

5. Puré de patata instantani

Pot ser complementari o una alternativa a les patates fresques. Ens permetrà preparar un puré ràpidament i fàcilment, ideal com a primer plat o com a acompanyament.

6. Pa torrat

En múltiples varietats (integral, de cereals, etc.) i presentacions (diferents formes, gruixos i mides). Sol estar dextrinat i és de fàcil digestió.

7. *Tortillas* de blat de moro i/o blat

Ideals per a l'elaboració d'entrepans saludables o com a acompanyament. Una varietat són les coques d'arròs o blat de moro, elaborades amb el gra premsat. Són una bona opció per a berenars, esmorzars, etc.

8. Cereals per a l'esmorzar

Millor evitar els ensucrats o amb mel o xocolata afegida, ja que el seu valor calòric augmenta. Millor si són integrals. Una bona opció són els tipus musli, amb barreja de diferents cereals, fruita seca, etc.

9. Galetes

Les variants de galetes al mercat són pràcticament il·limitades. Si les volem com a "fons de rebost", millor escollir les tipus "maria", amb menys contingut greixós i menys calòriques.

10. Blat de moro dolç en conserva

El trobem en llauna o en pot de vidre. Ideal per complementar llegums o donar color a les amanides.

11. Tomàquet triturat

Pot ser cru, que requereix una cocció prèvia, o ja fregit, per utilitzar com a salsa. El que venen preparat sol contenir més sucre i greixos que el d'elaboració casolana.

12. Espàrrecs en conserva

Blancs o verds, en pot de vidre o en llauna. La seva palatabilitat és molt bona.

13. Cors de palmera en conserva

Poden ser una alternativa als espàrrecs. Donen varietat a les amanides.

14. Carxofes en conserva

Els cors de carxofa en conserva són una bona opció per tenir verdures de llarga conservació. N'hi ha de diferents mides, en pots de vidre o en llauna. Millor conservades al natural, en el seu propi suc.

15. Mongeta tendra en conserva

També en llauna o en pot de vidre, diferents varietats i a punt per consumir.

16. Pebrot vermell en conserva

Sol presentar-se escalivat. Millor escollir-lo al natural o en oli d'oliva.

17. Bolets i xampinyons

Permeten el consum de bolets fora de temporada. Actualment en podem trobar de moltes varietats, soles o barrejades, a trossos o sencers. Els més pràctics són els conservats en llauna o en pot de vidre, a punt per al seu consum. Els bolets dessecats també poden ser una bona opció, però requereixen una preparació prèvia.

18. Tonyina en conserva

Incloem aquí el verat, el bonítol, la ventresca de tonyina, etc. Millor escollir les conserves al natural o en oli d'oliva.

19. Marisc en conserva

Escopinyes, cloïsses, navalles, etc. Millor conservades "al natural" per no augmentar-ne el valor calòric.

20. Sardines en conserva

Triar les conservades en oli d'oliva. N'hi ha de diferents mides, segons l'ús que vulguem donar-los (en amanida, per a entrepà, al plat, etc.).

21. Pinya en conserva

És una de les fruites que conserva millor les seves propietats organolèptiques. Al natural, evitem afegir-hi valor calòric en forma de sucre respecte a la conservada en almívar.

22. Préssec o macedònia en almívar

El seu alt contingut en sucre per l'almívar el converteix en un aliment energètic que pot ser útil en algunes ocasions en què interessi augmentar els glúcids d'absorció ràpida (batuts, etc.).

23. Fruita seca

Ametlles, avellanes, nous, pinyons, festucs, etc. Són aliments de llarga conservació amb gran concentració calòrica (molta energia en poc volum). Rica en àcids grassos insaturats, és un complement molt interessant en la dieta del corredor. Pot ser crua o torrada.

24. Fruita dessecada

Panses, prunes seques, orellanes, dàtils, etc. Com el seu nom indica, és fruita dessecada per allargar-ne la conservació. Es distingeix de l'anterior perquè el seu alt valor calòric es deu a l'alt contingut en sucres.

25. Oli d'oliva

És el greix d'addició d'elecció en el marc d'una dieta mediterrània. Presenta nombrosos avantatges, tant per consumir en cru com per cuinar. És recomanable que sigui verge extra, ja que el seu contingut vitamínic és molt més gran.

26. Llet

Aliment bàsic si no s'hi té intolerància. En ampolla o en bric, es conserva durant mesos sense obrir. Millor escollir-la desnatada, per reduir els greixos saturats de la dieta. També hi ha formats de racions individuals, ideals per emportar.

27. Llet evaporada o en pols

Pot ser una alternativa amb més temps de conservació que l'anterior. Ideal per cuinar o enriquir plats (purés, sopes, postres, salses, etc.).

28. Gelatina neutra

La gelatina és rica en proteïnes d'alt valor biològic, amb poc contingut gras.

29. Caldo

Tot i que el brou casolà sol ser més bo, al mercat hi ha brous de carn, au, peix i vegetals de qualitat. Poden ser una alternativa pràctica per elaborar consomés, sopes, purés o altres receptes. Són una opció a la ingesta d'aigua. Solen ser més rics en sodi i greix que els caldos casolans.

30. Sal

31. Espècies

All, safrà, orenga, pebre, canyella, alfàbrega, julivert, etc., generalment en pols.

32. Mel i/o sucre

33. Aigua embotellada

34. Infusions

35. Alls i cebes

AL CONGELADOR

36. Carn vermella

Vedella magra, porc magre, bou, cavall, etc. És pràctic congelar-la envasada en racions (familiars o individuals). Es pot congelar ja cuinada.

37. Carn blanca

Pollastre, gall dindi, conill, altres aus. Igual que l'anterior.

38. Peix

En filets o sencer. Sempre net i sense vísceres. Podem comprar-lo fresc i després congelar o comprar-lo directament congelat (menys saborós però amb el mateix valor nutritiu).

39. Verdures congelades

Poden ser soles o combinades entre si, escaldades o precuinades en forma de saltats o brasejats. Són interessants els paquets de racions individuals. No solen requerir descongelació prèvia, de manera que són ideals per improvisar.

40. Pèsols

És el llegum que conserva millor les seves propietats organolèptiques amb la congelació.

41. Pa

És interessant tenir-ne sempre una mica al congelador. Podem conservar-lo sencer o a llesques, per utilitzar-ne només la quantitat necessària. Si el descongelem a la torradora o al forn, conserva molt bé la seva palatabilitat.

Consideracions per als aliments congelats

a) Els envasos han d'estar en perfecte estat per evitar el deteriorament dels aliments.

b) No tornar a congelar mai un aliment descongelat prèviament.

c) Consumir-lo com més aviat millor un cop descongelat.

d) Descongelació correcta:

- Verdures i hortalisses: es descongelen directament durant la cocció.
- Carns i peixos: descongelació a la nevera, en un recipient adequat per evitar que l'exsudat es vessi. La descongelació al microones és una opció més ràpida.
- Plats preparats: es poden escalfar directament al forn, al foc o al microones. Si no són casolans, seguir sempre les instruccions de l'envàs.

e) En els aliments que comprem ja congelats, és fonamental no trencar la cadena del fred.

A LA NEVERA

Es tracta d'aliments frescos o que requereixen fred per a la seva conservació. Són aliments més peribles que cal comprar més a curt termini, però que hem de tenir en compte en la nostra compra setmanal i en la nostra dieta diària. Representen el complement ideal per als "aliments de rebost".

42. Ous

Encara que poden conservar-se a temperatura ambient, el seu temps de conservació augmenta a la nevera. Poden conservar-se també prèvia cocció (ous durs), la qual cosa en facilita l'ús en cas d'"urgència".

43. Iogurts

N'hi ha milers de varietats, sabors i combinacions. Són una bona opció com a font de lactis. Millor desnatats o baixos en greix.

44. Formatge

Com més fresc, més contingut en aigua, menys calories i aportació grassa i menor temps de conservació. El ventall de varietats és il·limitat.

45. Embotits magres

Pernil dolç, pernil salat, vianda freda de gall dindi o de pollastre.

46. Bosses d'amanida envasades

47. Semiconserves

Surimi, anxoves.

48. Peixos fumats

Salmó, bacallà, etc.

49. Fruita fresca

50. Verdura fresca

19. COMODINS: BARRETES ENERGÈTIQUES, BATUTS DE PROTEÏNES I ALTRES TRUCS

Pocs saben que, en realitat, l'inventor de les barretes energètiques, tan en voga en el nostre temps, va ser en Polzet. A ell se li va ocórrer una manera de portar una font d'energia lleugera, neta i consumible en qualsevol moment en forma de cereal cuit (pa, vaja). És clar que ell es va fer famós en escampar-la en forma de molles per marcar el seu camí, i, com ja sabeu, van agradar tant als ocells que van desaparèixer en un tres i no res, la qual cosa va fer que en Polzet es perdés i que el conte pogués seguir el seu curs...

Bé, el que sembla un encapçalament per a nens, en realitat resumeix el somni de qualsevol esportista: poder disposar en qualsevol moment d'una font d'energia suficient, adequada, saludable i desitjable que ens ajudi a millorar el nostre rendiment *in situ*: ha nascut la barreta energètica!

Però pot ajudar realment? Pot ser nutricionalment adequada? Té aspectes negatius que en desaconsellin l'ús? Intentarem respondre aquestes i altres qüestions en aquest capítol, dedicat a alternatives i suplements per al corredor.

Igual que hi ha molts tipus de barretes, hi ha molts tipus de corredors: corredors recreatius, corredors competitius, de fons, de resistència, esprintadors..., però si hi ha una cosa que tots tenen en comú és la recerca d'una bona salut. El corredor està compromès amb un estil de vida saludable i la nutrició n'és una part considerable. Com sempre, som el que mengem...

La varietat és enorme i en creixement continu. El president de PowerBar Inc. va dir en una entrevista recent a la revista *Food Pro-*

cessing que la indústria mou 40.000 milions de dòlars. Per tant, amb aquest nombre creixent d'opcions, necessitem el coneixement que ens permeti triar els productes que s'adaptin millor al nostre estil de vida i a la nostra manera de córrer.

LLEGINT L'ETIQUETA

Els corredors que vulguin aprofitar la comoditat de les barretes d'energia han de buscar els productes elaborats amb una barreja de fruita seca, cereals i sucre d'absorció ràpida. Els hidrats de carboni totals han de ser, com a mínim, de 40 grams per unitat.

La majoria de les barres d'energia inclouen una proteïna de qualitat molt alta, i 7-10 grams són suficients per reparar les microlesions dels músculs i enfortir-los. Busqueu proteïna de sèrum de llet, a base de llet i formatge, o proteïna de soja si els productes lactis són un problema. Ambdues fonts ofereixen "proteïnes completes", és a dir, amb els vuit aminoàcids essencials presents. El nostre cos pot produir els aminoàcids no essencials, de manera que no cal fer gastar diners a ningú en aminoàcids de cadena ramificada, que ja tenim o podem fabricar.

CORREDORS DE DISTÀNCIA CURTA I MITJANA

Els velocistes es poden beneficiar dels aliments amb alt contingut de sucre presos uns minuts abans de sortir. La glucosa en sang és la font principal d'energia per als esprints de 2-3 minuts.

Les diferències individuals en el metabolisme permeten que això funcioni per a alguns. No obstant això, uns pocs corredors reaccionaran amb hipoglucèmia de rebot. El pic de sucre a la sang produeix un pic d'insulina que, ràpidament, escombra la glucosa de la sang, la fa baixar massa i produeix hipoglucèmies.

Les distàncies curtes-mitjanes, de fins a 10 km, no requereixen atenció alimentària més enllà de la hidratació adequada. Un substitut de menjar ric en hidrats de carboni complexos, consumit còmodament prop de la pista, alliberarà lentament el sucre a la sang i el mantindrà en un rang saludable.

Curses de llarga distància i resistència

Els atletes que s'esforcen durant llargs períodes de temps, com en maratons i curses d'aventura, han de començar a "recuperar" després de 60 a 90 minuts. Les reserves de glucogen s'esgoten després d'aproximadament dues hores, i les barretes energètiques proporcionen un subministrament continu de calories. Són més convenients les barretes sense recobriment, que es digereixen més fàcilment, amb ingredients com la mel i la fructosa.

La ingesta d'altes quantitats de proteïna durant una cursa de resistència s'ha d'evitar. Un dels metabòlits de les proteïnes és la urea, que és un producte de rebuig tòxic que els ronyons eliminen. La formació d'orina requereix aigua, i els líquids ja són un luxe per al corredor de llarga distància, de manera que cal evitar barretes energètiques amb un contingut alt en greixos i proteïnes i baix en carbohidrats.

Com seleccionar?

La millor selecció de barretes d'energia per a curses llargues de resistència la trobarem amb la nostra pròpia pràctica d'assaig i error, perquè tots som diferents en molts aspectes, però hi ha algunes consideracions importants, a més de les enumerades anteriorment.

L'abús d'"alcohols de sucre" com a edulcorants pot fer estralls en el tracte gastrointestinal. Els alcohols de sucre són higroscòpics, la qual cosa significa que atrauen l'aigua i causen problemes als intestins. Ingredients que acaben en *-ol*, com sorbitol i xilitol, són generalment "alcohols de sucre". La glicerina, també anomenada *glicerol*, també és un alcohol de sucre. En alguns casos aquests components poden produir problemes com la diarrea crònica.

Alguns fabricants també s'han dirigit especialment a l'atleta femenina amb l'argument de venda que les dones tenen "necessitats especials". Les necessitats nutricionals dels homes i les dones són similars. Les dones necessiten els mateixos nutrients però en menor quantitat que els homes, amb l'excepció del ferro, pel fet que, en l'etapa fèrtil de la vida, perden ferro a través de la menstruació.

Hi ha barretes energètiques que suplementen en ferro. Això pot ser útil, encara que sempre és recomanable fer-ho sota consell mèdic.

Altres productes estan enriquits amb àcid fòlic. L'àcid fòlic no és necessari per córrer. És important en la prevenció de defectes del tub neural, com l'espina bífida, en els nounats. Les dones embarassades i les dones que tinguin intenció de formar una família farien bé d'incloure aliments rics en àcid fòlic en la seva alimentació o bé prendre'n suplements, sempre sota prescripció mèdica.

Llavors, les barretes energètiques són una opció saludable per als corredors? Què en pensaria en Polzet?

La majoria, sí. No obstant això, com gairebé tot, depèn de la dosi i la freqüència d'ús.

No són recomanables com a substitutes habituals d'un àpat. La dieta equilibrada i variada és la millor garantia per a la nostra salut.

En la majoria dels casos, les barretes energètiques contenen ingredients adequats i sans i un equilibri saludable de vitamines i minerals. Solen ser nutritives i fàcils de digerir. La nostra recomanació és llegir les etiquetes de composició nutricional del producte. I recordeu: no hi ha cap ingredient secret màgic.

Una barreta ideal seria aquella que fes que, si en Polzet se la trobés a la butxaca, s'ho pensés dues vegades abans de fer-ne molletes i se la mengés encantat perquè fossin les seves cames veloces les que el retornessin amb la seva família. Encara que, llavors... ja no hi hauria conte!

Batuts miracle i altres suplements

Les ajudes ergogèniques (del grec *ergon*, 'força', 'treball', i *gènesi*, 'origen') són tècniques o substàncies emprades per millorar la utilització d'energia. Poden ser mecàniques, farmacològiques, psicològiques, fisiològiques o nutricionals.

El Comitè Olímpic Internacional defensa el seguiment d'una dieta adequada i desaconsella l'ús indiscriminat de suplements nutricionals.

Els arguments en contra són nombrosos: donar importància al suplement pot anar en detriment de l'alimentació, dosis excessives de suplements poden arribar a ser perjudicials, hi ha clars indicis que molts productes no contenen el que declaren, etc.

És cert que l'esforç físic augmenta les necessitats de calories, nutrients, vitamines i minerals, i és habitual que els corredors complementin la seva dieta amb un complex de vitamines i minerals per evitar les mancances del menjar actual. Els temps estan canviant, el món farmacèutic està revolucionant els entrenaments dels corredors i ara podem trobar nous suplements adaptats a les necessitats especials dels esportistes que haurien d'ajudar-los a millorar el rendiment, a recuperar-se després de l'esforç, a estimular la regeneració i la reconstrucció dels teixits musculars, a prevenir i curar lesions...

Als gimnasos i les botigues de dietètica s'hi pot trobar una gran varietat de suplements esportius. La publicitat sol ser confusa i les bases científiques, escasses, tot i que els avenços del món de la farmacologia esportiva, d'altra banda, són evidents.

Algunes substàncies d'ús estès. Llums i ombres dels complements per a corredors

Substàncies amb efectes sobre el pes

L-Carnitina

La seva funció teòrica és mobilitzar els greixos fins a les mitocòndries, on es transformen en energia per mantenir l'exercici de resistència. La carnitina es troba de forma natural en els aliments carnis i pot ser una ajuda per aconseguir augmentar la resistència quan els subministraments d'energia normals (glucosa, glucogen) que alimenten els músculs s'acaben. Per tant, pot estar indicada en cas de curses de llarga distància.

Àcid hidroxicítric

És una substància natural que s'obté d'una fruita exòtica de l'arbre *Garcinia cambogia*. Actua en inactivar l'enzim ATP-citrat liasa, encarregat de transformar la glucosa que no s'utilitza en greix de reserva. Quan aquest enzim s'uneix a l'HCA, no pot treballar i, per tant, evita l'acumulació del greix que ingerim en excés.

Taronja amarga

La taronja amarga o *Citrus aurantium* ajuda a augmentar la combustió dels greixos enfront d'un altre tipus de substàncies termogèniques (cafeïna, efedrina, nou de cola, etc.). Té l'avantatge que no té efectes estimulants sobre el sistema nerviós. La seva acció es basa en el fet que conté substàncies adrenèrgiques que estimulen els receptors beta-3 de les cèl·lules adiposes i del fetge, on es guarden els greixos de reserva, i la combustió i l'eliminació dels greixos durant l'exercici.

Quitosan

El quitosan és una fibra animal que es troba a les closques dels crustacis. Evita que l'intestí absorbeixi greixos (redueix al 30% l'entrada de greixos). S'ha d'utilitzar sota control mèdic, perquè pot provocar diarrees i perquè, en limitar l'absorció de greixos, també evita l'absorció de les vitamines liposolubles (K, A, E i D).

Substàncies amb efectes sobre les articulacions

Glucosamina

La glucosamina és una substància que s'encarrega d'estimular la producció dels components del cartílag de les articulacions. També té un efecte antiinflamatori lleu. Amb l'envelliment i la realització d'esforços intensos, el cartílag es deteriora i perd la funció d'amortiment natural, la qual cosa pot traduir-se en dolor i degeneració articular. El sulfat de glucosamina pot alleujar el dolor i prevenir lesions. Els seus efectes són retardats, però el seu consum és segur, en ser un producte intrínsec al cos i no un medicament. No té contraindicacions.

Condroïtina

El sulfat de condroïtina forma part dels teixits tous del cos, com el cartílag de les articulacions. Com la glucosamina, es pot prendre com a suplement per ajudar a la regeneració del cartílag danyat, evitar-ne la destrucció i reduir el dolor.

Substàncies amb efectes sobre el teixit muscular

Creatina

S'ha demostrat que el monohidrat de creatina augmenta les reserves musculars de creatina i fosfocreatina i la producció d'ATP. Resulta interessant per a esports de potència i velocitat, o en esforços breus i repetits. No obstant això, les dosis han de ser molt ajustades, hi ha contraindicacions clares per al seu ús i falten estudis per demostrar-ne la seguretat a llarg termini.

Proteïnes i aminoàcids

Alguns esportistes prenen batuts amb proteïnes i aminoàcids per evitar el desgast muscular que suposa l'entrenament de resistència. En la majoria dels casos, no cal augmentar les dosis de proteïnes, perquè una dieta adequada hauria de ser suficient. Els batuts proteics poden ser utilitzats per a casos puntuals i específics, com casos en què es necessiti potenciar el guany de massa muscular sense aportar greix en els velocistes o recuperar la pèrdua del múscul en proves de resistència extrema.

Hauríem d'evitar-los durant la pràctica de curses de fons pel risc de producció de cossos cetònics, però poden ser adequats després, ja que poden ajudar en la recuperació de les microlesions musculars.

Antioxidants

L'augment de l'oxigenació tissular que requereix l'exercici provoca un augment de la producció dels famosos i temuts radicals lliures, culpables de l'acceleració de l'envelliment i del dany cel·lular. Els radicals lliures són substàncies inestables (els falta un electró i, per mantenir-se, en treuen un a les molècules que troben al seu voltant: proteïnes, ADN i membranes cel·lulars). La contaminació, el fum del tabac, l'oxigen que respirem... provoquen l'alliberament d'aquests radicals lliures. Per defensar-se, el nostre organisme fabrica els antioxidants, amb noms tan estranys com superòxid-dismutasa (SOD), catalasa, glutatió etc. També trobem antioxidants en els aliments, en forma de vitamines, minerals i fitonutrients.

Com més gran és l'esforç físic, més alt és el grau d'oxidació. Per això, és molt recomanable prendre antioxidants naturals. Cuidar l'alimentació és fonamental, però pot no ser suficient. Les vitamines antioxidants més conegudes són les vitamines C, E i A (en forma de betacarotè). Actuen "sacrificant" i cedint els seus propis electrons per estabilitzar els radicals lliures i evitar que danyin substàncies més importants per a les cèl·lules.

Els minerals antioxidants més estudiats són el seleni i el zinc, encara que també hi ha estudis amb el manganès i el coure. Actuen potenciant els enzims antioxidants naturals que hi ha al cos.

Els polifenols del raïm i el te, els àcids de les fruites, els indoles de les cols, les saponines dels llegums, els fitoestrògens de la soja, l'àcid làctic de la llet, etc. tenen efectes antioxidants contrastats. La recomanació és una dieta molt variada, per assegurar-ne el màxim d'aportació.

Coenzim Q-10

El coenzim Q-10 està implicat en la producció d'energia a les cèl·lules i té propietats antioxidants. Actua principalment en l'àmbit cardiovascular i immunitari.

Els suplements naturals

Ginseng i adaptògens

Astràgal, esquisandra, eleuterococ, ginseng americà... Es recomanen per augmentar l'energia per les seves propietats estimulants. Contenen substàncies que milloren l'adaptació del cos a les situacions límit, com l'estrès, l'entrenament, la fatiga...

Els productes de les abelles

Mel, gelea, pol·len i pròpolis. Dels ruscs no només es recol·lecta mel, també es recull la substància de la qual s'alimenta l'abella reina o gelea reial, que és una autèntica bomba de nutrients i substàncies variades que posen en forma. El pol·len que ha estat recollit de les flors i predigerit per les abelles també és molt ric en minerals, aminoàcids i vitamines, i és un gran revitalitzador per als esportistes. El pròpolis és un producte molt interessant, perquè funciona com un antibiòtic per a les abelles, que l'utilitzen per evitar les infeccions provocades per bacteris, virus i fongs, i ajuda a evitar la disminució de les defenses que pot aparèixer després d'un esforç extrem.

Equinàcia

L'equinàcia és una margarida de color rosa que utilitzaven els indis americans per prevenir malalties, perquè augmenta les defenses naturals. És interessant usar-la en èpoques d'entrenament intens, per evitar la debilitat del sistema immunitari que provoca l'esforç.

Harpagòfit

Coneguda com *urpa* o *ungla del diable*, és una arrel d'origen africà que s'ha utilitzat tradicionalment per evitar la inflamació i el dolor associats a les lesions musculars i articulars. S'ha de prendre sota consell d'un expert.

Espirulina

És una alga molt rica en proteïnes vegetals, minerals i vitamines. És la proteïna dels vegetarians.

Cafeïna

La cafeïna és un dels estimulants més usats. És habitual prendre per esmorzar un cafè o un te ben carregats abans d'una cursa, pels seus efectes estimulants sobre el sistema nerviós central, la qual cosa es tradueix en eufòria, mobilització dels greixos i disminució de la sensació de fatiga durant l'exercici. Però té possibles efectes secundaris, que van des de l'augment de la pressió sanguínia fins a l'insomni, problemes gastrointestinals o alteracions cardíaques. En tot cas, se n'ha de provar la tolerància individual i no superar la dosi de 500 mg de cafeïna al dia.

20. DECÀLEG DEL CORREDOR

1. Una **alimentació variada** que inclogui aliments de tots els grups és garantia de salut i equilibri.

2. Els **hidrats de carboni** (pa, pasta, arròs, cereals, patata, llegums) tenen una funció energètica i són fonamentals en la dieta d'un corredor.

És aconsellable que la major part siguin hidrats de carboni complexos o d'absorció lenta.

Recorda incloure pa en la dieta. A més del seu important valor nutritiu, et proporcionarà sensació de sacietat i evitarà que mengis porcions excessives dels altres aliments.

3. L'**oli d'oliva** és el greix d'addició d'elecció. La seva composició i la seva resistència a les altes temperatures el fan ideal per cuinar i per amanir.

Per als amaniments i les salses, recorre preferentment a l'oli d'oliva.

Les salses maioneses, amb formatge, nata, etc., així com la mantega, la margarina o altres greixos d'addició, aporten sempre quantitats importants de greix saturat i colesterol, per la qual cosa és recomanable limitar-ne l'ús.

4. Les **verdures i hortalisses**, així com les **fruites**, són una font fonamental de vitamines i minerals. Han d'estar presents diàriament en la major part dels àpats.

L'exercici físic es tradueix en una situació de més oxidació, per tant, l'aportació d'antioxidants naturals és essencial per a l'esportista. Les vitamines són els antioxidants naturals per excel·lència, així com el seleni, les catequines i els compostos fenòlics. Les fruites i les verdures són concentrats naturals d'aquestes substàncies.

5. Cal **equilibrar** els plats de cada àpat i de cada dia, i intentar consumir les racions recomanades de cada grup d'aliments.

(Per exemple, si et menges uns canelons de carn, pren un primer plat de verdures i hortalisses i fruita fresca de postres.)

6. La **hidratació** té una importància fonamental, sobretot en el cas dels esportistes. Beure aigua en quantitat suficient i assegurar-se la hidratació correcta és fonamental per al benestar del corredor.

La manca d'aigua origina una disminució del rendiment esportiu, trastorns homeostàtics i augmenta la possibilitat d'aparició de lesions.

Cal beure sense esperar a tenir set, durant i després de l'activitat física.

7. Cal **planificar** els horaris dels àpats. És convenient realitzar uns 4 o 5 àpats al llarg del dia per repartir millor l'aportació energètica i de nutrients. Això ajuda a controlar la sensació de fam i evita realitzar ingestes massa copioses. A més, cal tenir en compte l'horari d'entrenament i intentar prendre sempre algun aliment unes dues hores abans i en finalitzar l'esforç.

S'han de deixar passar unes tres hores entre l'àpat principal i l'entrenament i respectar aproximadament una hora entre la fi de l'entrenament i una ingesta important de menjar. D'aquesta manera, evitem el conflicte d'interessos entre les necessitats d'aportació sanguínia de la musculatura i el sistema digestiu.

8. És important **crear hàbit** i ser constants. Un bon estat nutricional és el resultat d'uns hàbits alimentaris practicats amb regularitat. És com un entrenament: no es percep en el dia a dia, però el seu impacte és directe sobre el resultat final.

9. L'alimentació és important **durant la competició:**

- Abans de la competició, ha de ser rica en hidrats de carboni i pobra en greixos, proteïnes i fibra. S'ha de fer 3-4 hores abans de l'esdeveniment esportiu.

- Durant la realització de curses de llarga durada, d'una hora o més, s'han de fer petites ingestes d'hidrats de carboni, ja que ajuden a retardar l'aparició de la fatiga i mantenen el rendiment. Les begudes esportives són una bona solució, ja que serveixen per reemplaçar les pèrdues d'electròlits i líquids, prevenen la deshidratació i aporten combustible.

• En finalitzar l'exercici, és recomanable la ingesta d'aliments rics en hidrats de carboni, amb l'objectiu de recuperar les reserves de glucogen hepàtic i muscular, i de líquids, per recuperar-ne les pèrdues.

10. No hi ha aliments ni suplements màgics. El secret és la selecció adequada d'aliments, una combinació correcta i un hàbit constant d'alimentació equilibrada i variada.

GLOSSARI

Àcids grassos essencials

Els àcids grassos són el component fonamental dels greixos alimentaris (triglicèrids). Alguns àcids grassos tenen un caràcter indispensable per a l'home, ja que no els podem sintetitzar i, per tant, els hem d'obtenir a través de la dieta. Són els àcids grassos essencials.

Àcids grassos hidrogenats

Quan els àcids grassos insaturats (amb dobles enllaços a la seva cadena) fixen l'hidrogen, en presència d'un catalitzador, diem que s'hidrogenen: perden els "avantatges" dels àcids grassos insaturats i se saturen progressivament. En saturar-se, se solidifiquen. D'aquesta manera s'obtenen les margarines vegetals i la vegetalina, aliments que perden els beneficis propis dels greixos vegetals.

Àcids grassos insaturats

Són àcids grassos amb un (monoinsaturat) o més (poliinsaturat) dobles enllaços en la seva molècula. Això els confereix unes característiques especials: són líquids a temperatura ambient i s'absorbeixen més ràpidament. Tenen un paper hipocolesterolemiant i antiaterogènic, de manera que el seu consum és recomanable i saludable. Els olis vegetals, en general, són rics en àcids grassos poliinsaturats, sobretot els de gira-sol, blat de moro i llavors de raïm. El peix també és ric en aquest tipus de greixos. L'oli d'oliva és molt ric en àcids grassos monoinsaturats, així com la fruita seca, com les avellanes o les ametlles.

Àcids grassos saturats

No tenen dobles enllaços en la seva molècula. Són sòlids a temperatura ambient i s'absorbeixen més lentament. Tenen efecte hipercolesterolemiant i aterogènic. Els greixos animals (excepte el del peix) són rics en àcids grassos saturats, de manera que convé reduir-ne el consum tant com sigui possible. Els olis de coco i palma també són rics en aquest tipus de greixos.

Alcalinitzar

L'alimentació actual tendeix a acidificar el medi i aquest excés d'àcid orgànic pot esmorteir-se amb la dieta. Una dieta amb els aliments com més naturals millor, rica en fruita fresca i hortalisses crues, propicia la generació de sals orgàniques de potassi, magnesi i bicarbonats, totes amb efecte neutralitzador de l'acidesa. Els aliments més acidificants són els aliments ensucrats, el cafè, l'alcohol, els aliments molt refinats i l'excés de proteïna animal.

Aminoàcids essencials

Les proteïnes estan constituïdes per aminoàcids. Dels 20 aminoàcids que formen les proteïnes alimentàries, 8 són essencials per a l'home, ja que no els pot sintetitzar i ha obtenir-los a través de la dieta. Per sintetitzar les proteïnes, l'organisme humà necessita tots els aminoàcids. Quan una proteïna alimentària no té un aminoàcid, constitueix un "factor limitant", ja que impedeix la síntesi correcta de les proteïnes. Les proteïnes d'origen animal (carn, peix, ous, productes lactis) contenen tots els aminoàcids, de manera que es denominen *proteïnes d'alta qualitat* o *d'alt valor biològic*. Les proteïnes d'origen vegetal no tenen un o dos aminoàcids essencials, de manera que diem que són *de baix valor biològic*. Els cereals són pobres en lisina i els llegums són deficients en metionina. Si els combinem entre si o amb una font de proteïna animal, augmentem molt el valor biològic de les proteïnes.

Antioxidants

Els antioxidants són substàncies que ens protegeixen davant els radicals lliures, causants de l'envelliment i d'algunes malalties. Poden ser tant elements presents en la dieta (antioxidants exògens) com produïts pel mateix organisme (antioxidants endògens), capaços de disminuir el dany que alguns productes d'oxidació, els radicals lliures, causen en el nostre cos. Els principals antioxidants exògens són la vitamina C, la vitamina E, els carotenoides (alfa i betacarotens, betacriptoxantina, zeaxantina, licopè) i els compostos fitoquímics (flavonoides, catequines, hidroxitirosol, oleuropeïna, resveratrol i quercetina). Els aliments rics en antioxidants són la fruita, la verdura, els cereals, la fruita seca, l'oli d'oliva verge i el vi negre.

Dany oxidatiu

Els radicals lliures, resultants de l'oxidació cel·lular, produeixen el deteriorament de les cèl·lules, la qual cosa causa mort cel·lular, envelliment i alguns tipus de càncer. Hi ha diferents situacions en què es produeixen més radicals lliures: consum excessiu de tabac i alcohol, alimentació rica en greix, excés de radiació solar, exercici molt intens (esportistes professionals), pol·lució ambiental, augment de l'edat, etc.

Glucogen

Constitueix les reserves de glucosa de l'organisme. Es troba principalment al fetge i el múscul. Les reserves de glucogen representen uns 500 g de mitjana.

Hidrats de carboni d'absorció lenta

També anomenats *midons* o *sucres complexos*. Són molècules complexes, formades per moltes unitats de monosacàrids amb fórmules més complexes, de digestió molt més lenta. El sistema digestiu els ha de digerir i "trencar" en molècules de glucosa per absorbir-los. Els trobem sobretot en aliments del grup de les fècules: pa, patata, pasta alimentària, arròs i altres cereals, llegums, etc.

Hidrats de carboni d'absorció ràpida

També anomenats *sucres simples*. Són molècules senzilles, d'assimilació molt ràpida (sobretot si es consumeixen sols), que passen ràpidament al torrent circulatori i augmenten la glucèmia ràpidament. Els més abundants són la glucosa, la fructosa, la galactosa (monosacàrids) i la lactosa i la sacarosa (disacàrids). Els trobem en aliments com el sucre, la mel, la melmelada, la fruita, etc.

Hiperpirèxia per calor

És un trastorn greu, que pot arribar a ser mortal, a causa del fracàs de la capacitat de regulació de la temperatura corporal. Els símptomes més freqüents són cessament de la sudoració, taquicàrdia, pell calenta i seca, cefalea, confusió, inconsciència i convulsions.

Hipocalièmia

Es produeix quan la quantitat de potassi en sang disminueix per sota dels valors normals. Si és poc important, no sol donar símptomes. Si és més greu, pot produir alteracions del ritme cardíac, restrenyiment, debilitat muscular, parestèsia o paràlisi flàccida.

Hipoglucèmia

Es tracta d'una concentració de glucosa en sang anormalment baixa. Es manifesta de manera molt variable: nerviosisme, sudoració, tremolors, polifàgia, confusió, cefalea, cansament injustificat, marejos i pèrdua de consciència.

Hiponatrèmia

Es defineix com una concentració de sodi en sang inferior als valors normals. Les primeres manifestacions solen ser anorèxia, letargia, apatia, nàusees i desorientació.

Índex glucèmic

És un sistema per classificar els aliments que contenen hidrats de carboni amb relació a com afecten els nivells de sucre en sang (glucèmia). Consisteix a quantificar la resposta glucèmica d'un aliment comparant-la amb la d'un aliment de referència, que sol ser la glucosa o el pa blanc, al qual s'assigna un índex glucèmic de 100. Dóna una idea de la velocitat de digestió i absorció dels hidrats de carboni de cada aliment. L'índex glucèmic de qualsevol aliment no només dependrà de la varietat i la forma de preparació, sinó també dels aliments que l'acompanyin.

Vitamines hidrosolubles

Són les vitamines solubles en aigua. L'organisme no pot emmagatzemar-les (excepte la vitamina B12). En cal una aportació suficient amb l'alimentació. N'hi ha pèrdues importants si els aliments es remullen, es bullen o estan en contacte amb aigua abundant. Són la vitamina C i les vitamines del grup B.

Vitamines liposolubles

Són les vitamines que es dissolen en greixos o olis. S'emmagatzemen al fetge i el teixit adipós. Són les vitamines D, E, K i A.

ÍNDEX